山女子必携

失敗しない山登り

——山ガール先輩が登ってツカんだコツ71——

小林千穂

講談社

はじめに

ここ数年で山の雰囲気が一変しました。登山道には若い女の子の声がこだまし、カラフルでかわいいウエアが自然の色味のなかで輝いています。ちょっと前までは、山と言えば、本格的な登山家の世界か、ご年配の方々の趣味というイメージでした。女の子を見かけることは少なく、山がこんなに華やぐなんて、本当に考えられなかったことなのです。それが今や流行の最先端。山登りを続けてきた私たちにとって、同世代の仲間が増えることほどうれしいものはありません。これからもっともっと山へ行く女の子が増えて、山が賑わってくれるといいなあと思っています。

さて、山登りは無限の楽しみと感動を与えてくれる一方、ちょっと間違えば大きな事故につながるのも事実。この本では、まったくの初心者から、小屋泊まりで山登りができるぐらいのレベルの人を対象に、安全に登山を楽しむために知っておきたい山の基本を紹介しています。これから山登りをはじめようとしている人、山に登っているけれど、実は山のことがよくわからないという人のために、私の体験・失敗談を交えながら、知っているときっと役に立つことをまとめました。山で失敗しないために、そして長く登山を楽しめるよう、この本がみなさんのサポートになればうれしいです。

２０１１年６月

小林　千穂

目次 CONTENTS

プロローグ

山はあなたを呼んでいる

ブームの主役、女性登山者が増えている

自然のすばらしさを知るのが最大の魅力

体力のある人もない人も楽しめる

自然＋α。αは人の数、人の好みにより無限

Chapter 1

山に行く準備① 失敗しないお買い物

鉄板モノから、あると便利なものまで３段階

山をやると決心したら、レインウエアは抜かりなく

道具の良し悪しは安全性にもかかわるので、ショップに出向いて

手持ちのものを利用して低山から。徐々に道具も本格派に

登山靴は足を守る大切な装備

ザックの容量は行程の長さで決めよう

Chapter 2 山に行く準備② 失敗しない計画の立て方

山選び　どの山に登ればいいか、わからない……54
慣れるまでは初心者コース、温泉などのお楽しみも加味して
連れの心得　連れて行ってくれるというので気軽に行ったら、想像以上にハードでバテバテ……56
自分でも事前に調べておくと予想がたつ
同行者さがし　いっしょに行ってくれる人がいない……58
山岳会に入る、女子限定ツアーの利用、もしくはひとり登山
女子的パーティー　「山へ行こう」と声を上げたら10人も集まっちゃった……60
初級者ばかりの大人数グループは避けたい
コラム「女の子が登れない山があるって本当?」……61
登山レベル　どのくらいから中級者になれるの? レベルアップしないと楽しめない?……62
初級・中級・上級、どれも楽しい登り方はできる
山レベルの誤解　けっこうキツかった高尾山（東京都）。観光客でも行ける山だと思っていたのに?……64
ひとつの山に難易度の違うさまざまなコースがある
季節ごとの登山　パワースポットの筑波山（茨城県）、冬に行ったら雪があって登れなかった……66
季節によって山を選ぶ

雪山の知識・装備が必要。入門ツアーなど利用

無理なく続けられるトレーニングを

タイムスケジュールを書いてみる

地域交通情報は変更が多いので事前にチェックして

Chapter 3 失敗しない直前準備

背負いやすく取り出しやすいパッキングのコツ

雨具　晴れだからレインウエアを置いていったら、突然雨が…… ……80

降水確率０％でも雨具を持つのが基本

お弁当　お弁当におにぎりを持っていったら、ボソボソで食べられなかった ……82

保温して冷えない工夫やパンに切り替え

コラム　山でクッキング ……83

行動食　お弁当と水のほかに、飲食物で持っていったほうがいいのは？ ……84

うれしいだけでなく非常時に役立つ「おやつ」

水の適量　何はなくとも水って大事。でも水って重い。飲料の適量は？ ……86

飲料用以外にも役立つ水は、予備も持つとよい

水濡れ対策　雨に降られて着替えようとしたら、着替えも濡れてた ……88

ジッパー付きビニール袋やスタッフバッグの活用を

詰め過ぎ注意　あれもこれも持っていこうとして、ザックがパンパンになっちゃった ……90

ダブリをチェックしたり、持ち物の減量を

ありがちな忘れ物　登山口に着いたら、あっ！　登山靴を忘れた ……92

忘れ物のチェックはしつこいくらいに

生理日の登山　ああ、予定外。生理がきてしまった…… ……94

個人差はあるものの中止する必要はない

Chapter 4 失敗しない登り方

Chapter 5 もしものときの対処法

グループ登山の落とし穴

Chapter 6

アフターケアと思い出残し

プロローグ

山はあなたを呼んでいる

詳しくはページをめくって!

山の様子

山にはどんな人が登っているの？

山登りは男の人、女の人、年配の方から子どもまでさまざまな人が楽しんでいます。でも、**今、山の世界をリードしているのは20～30代の女の子たち**。

こんなにたくさんの女の子たちがスカートで山に登るようになるなんて、ちょっと前まで誰にも想像できなかったこと。みなさんが登山の新しい文化をつくりだしていると言っていいのかもしれません。何十年も続けている大ベテランのおじさんたちも、新しく登山界を盛り上げてくれている山ガールに将来を期待し、眩しく見ていることでしょう。

山登りのブームは山スカに代表されるファッションからはじまったとも言われていますが、ここ数年、山以外にも自転車やジョギングなど、外で楽しむスポーツが若い女性に人気ですね。日常を離れて、自然のなかで体を動かすことが気持ちいい遊びとして、健康志向の女の子の間で定着しているのではないでしょうか。

さて、同世代の女の子のなかでも、登山をはじめたきっかけはさまざまでしょう。子ど

←登山用語をちほがセレクトした「山言葉集」。引きやすいように、あいうえお順に掲載します。これを知ると、山登りがますます楽しくなりますよ！

ものころから家族と登っていて、このブームをきっかけに山登りを再開した人、高校や大学のクラブ活動で山登りをはじめた人、最近のブームに乗って何となくはじめた人……。
そう、**山登りはいつでも、そして誰でもはじめられるのです。「山登り、よくわからないけれど、やってみたいな」そう思ったときこそチャンス**。パンプスを登山靴に履きかえて、街では見られないすてきな景色が待っている山へ一歩、足を踏み出しましょう！
「まずはお金をかけずに試してみたい」という人も、「私は装備バッチリで形から入るタイプ」という人も、どんな形からでも入れるように解説していきます。

山言葉　**アイゼン**　固い雪の上を歩くためのスパイクのような道具。4、6、8、10、12といろいろな爪の数のものがあるが、夏の残雪を歩くなら、4か6本爪のもの（軽アイゼン）でOK。

山の魅力

山って、どんなところ？

山といっても、日本にはいろいろな山があります。日本一標高の高い山・富士山はやはりいちばん有名な山でしょう。ミズバショウが咲く湿原の尾瀬《おぜ》も山、そして、住宅街のうしろにある低い山ももちろん山。

標高の低い山と高い山には、それぞれに違う楽しみがあります。標高５００メートル以下の低い山のいいところは、いつでも、誰でも迎え入れてくれること。街から比較的近いところにあって、歩く距離もそれほど長くないので、週末の休みにふらっと出かけられる気軽さがあります。自然の風に吹かれたり、鳥の鳴き声を聞きながら汗を流せば、**日常の小さなストレスはすっかり消えて、リフレッシュ**できるでしょう。装備も手持ちを利用した簡単なものでも対応できます。お試しからやってみたい人は、春や秋のさわやかな気候の時期に低山に挑戦してみるといいでしょう。

一方、標高の高い山は、冬は厳しすぎるので一般的には夏から秋までと、登れる期間が

限られています。登山の三大装備といわれる「登山靴、ザック、レインウエア」を揃えてから挑戦しましょう。雲より高いところを歩いたり、地平線から昇る朝日を眺めたり、高い山にしか咲かない花々を見たり、**日常とはまったく違う世界が楽しめます。**

ただ、山登りは、大きな自然が相手なので、安全が保障されている遊園地とは違って、まれに人が予測できないようなことも起こるし、自分のミスによって取り返しのつかない事故に遭うこともないとは言えません。**趣味・遊びとはいっても、ときには自然に向き合う真剣さ・慎重さも必要。だからこそ、自然のすばらしさを知ったり、感じたりできて、それが山登りの最大の魅力なのです。**

山言葉　**赤布（あかぬの）**　木の枝などに赤い布をしばってつけられた登山道の目印。一般登山者によってつけられるものもあり、間違っていたり、冬の雪があるときの道だったりすることもあるので信じすぎないように。

向き不向き

山登りに向くのはどんな人？

山登りのいいところは、誰でも楽しめること。スキューバダイビングのように特別なライセンスはいらないし、**日本のどの県にも登山対象になる山があるので、はじめようと思ったそのときから、すぐにはじめられます。**子どもでも、大人でも、うんと年を重ねても、山が好きでいる限り、ずっと続けられる趣味なのです。

山に登るというと、何が何でも高い山の頂上を目指さなければならないと思っていませんか？　趣味の山登りは修行ではないし、無理して登った学校行事の「がんばり登山」でもないので、自分の行きたい山に、自分の好きなペースで登ればいいんですよ。昔、しかたなく登らされたときと、登ってみようと自ら能動的に登ってみるときとでは、味わいははるかに違います。それに、競技ではないから、登る速さを誰かと競争するものでもないし、登った山の数を自慢するものでもありません。大切なのは、ただ、山・自然を楽しむこと。だから、山頂にたどり着かなくても、自分の満足したところで帰るというのも、もちろんアリ。こう登るべき……という固定観念から解き放たれて自由な形で楽しめることも女性ならではのしなやかさだと思います。

何度か山登りをするうちに、自分のスタイル、自分の山の楽しみを見つけて、自分に合った山登りを楽しめばいいのです。**体力に自信のある人は、困難な山に挑戦するのも楽しいでしょうし、体力のない人は低山や、高い山でもロープウェーやリフトを上手に利用して、標高差の少ない山をのんびり歩くのも楽しいでしょう。**

山言葉

アプローチ　山の最寄りの駅やバス停から登山口（山に登りはじめる地点）までの道のこと。この道のりが長いと、「アプローチが長い（悪い）」という。

楽しみ 山をどんなふうに楽しめばいいんだろう？

山に求めるものがさまざまなように、楽しみ方も人それぞれ。手軽な日帰り登山だけを楽しんでいる人、友だちとわいわい出かけるのが好きな人、感動的な山の風景を写真に撮っている人、歩いてしか行けない山奥の秘湯をめぐっている人、標高３０００メートルの日本アルプスの山を踏破することを夢見て経験を積んでいる人、テントで泊まりながらいくつもの山を連続して歩く人、北海道から鹿児島まで日本の名山と言われている山にすべて登ろうとしている人……などなど。山に登る人の数だけ、楽しみ方もあるのです。

山は、登山に興味を持ったあなたを、やさしく歓迎してくれますよ。そしてがんばって登れば登った分だけ、いいえ、きっとそれ以上のすてきなごほうび・感動や思い出をくれるでしょう。

さあ、どのような山登りを楽しみますか？　何となくイメージできてきたら、さっそく山へ行く計画を立てましょう。

山言葉

アルバイト　きつい、または長い登りのとき、「山頂までは３時間のアルバイト」などという。若者の間では、もうほとんど死語になっていて使う人は少ない。

※国土地理院ホームページ
（2011年5月）参考

Column

日本全国　山の背くらべ

日本の山 トップ10　富士山はダントツ。２位以下はアルプスの山の混戦状態。

順位	山名		標高（m）	都道府県	山域
1	富士山	ふじさん	3776	山梨・静岡	富士山
2	北岳	きただけ	3192	山梨	南アルプス
3	奥穂高岳	おくほたかだけ	3190	長野・岐阜	北アルプス
4	間ノ岳	あいのだけ	3189	山梨・静岡	南アルプス
5	槍ケ岳	やりがたけ	3180	長野	北アルプス
6	東岳（悪沢岳）	ひがしだけ	3141	静岡	南アルプス
7	赤石岳	あかいしだけ	3120	長野・静岡	南アルプス
8	涸沢岳	からさわだけ	3110	長野・岐阜	北アルプス
9	北穂高岳	きたほたかだけ	3106	長野・岐阜	北アルプス
10	大喰岳	おおばみだけ	3101	長野・岐阜	北アルプス

都道府県別 いちばん高い山　あなたのお住まいからいちばん近い最高峰はどこかな？

都道府県	山名		標高（m）
北海道	大雪山（旭岳）	たいせつざん	2291
青森	岩木山	いわきさん	1625
岩手	岩手山	いわてさん	2038
宮城	蔵王山（屏風岳）	ざおうさん	1825
秋田	鳥海山	ちょうかいざん	1757
山形	鳥海山（新山）	ちょうかいざん	2236
福島	燧ヶ岳（柴安嵓）	ひうちがたけ	2356
茨城	八溝山	やみぞさん	1022
栃木	白根山	しらねさん	2578
群馬	白根山	しらねさん	2578
埼玉	三宝山	さんぽうやま	2483
千葉	愛宕山	あたごやま	408
東京	雲取山	くもとりやま	2017
神奈川	蛭ヶ岳	ひるがたけ	1673
山梨	富士山（剣ケ峯）	ふじさん	3776
長野	奥穂高岳	おくほたかだけ	3190
新潟	小蓮華山	これんげさん	2766
富山	立山（大汝山）	たてやま	3015
石川	白山	はくさん	2702
福井	三ノ峰（2095m峰）	さんのみね	2095
岐阜	奥穂高岳	おくほたかだけ	3190
静岡	富士山（剣ケ峯）	ふじさん	3776
愛知	茶臼山	ちゃうすやま	1415
三重	大台ケ原山（日出ケ岳）	おおだいがはらやま	1695

都道府県	山名		標高（m）
滋賀	伊吹山	いぶきやま	1377
京都	皆子山	みなこやま	972
大阪	金剛山	こんごうさん	1056
兵庫	氷ノ山	ひょうのせん	1510
奈良	八経ケ岳（八剣山）	はっきょうがだけ	1915
和歌山	龍神岳	りゅうじんだけ	1382
鳥取	大山（剣ケ峰）	だいせん	1729
島根	恐羅漢山	おそらかんざん	1346
岡山	後山	うしろやま	1345
広島	恐羅漢山	おそらかんざん	1346
山口	寂地山	じゃくちさん	1337
徳島	剣山	つるぎさん	1955
香川	竜王山	りゅうおうざん	1060
愛媛	石鎚山（天狗岳）	いしづちさん	1982
高知	三嶺	みうね（さんれい）	1893
福岡	釈迦岳	しゃかだけ	1230
佐賀	多良岳（経ケ岳）	たらだけ	1076
長崎	雲仙岳（平成新山）	うんぜんだけ	1483
熊本	国見岳	くにみだけ	1739
大分	九重連山（中岳）	くじゅうれんざん	1791
宮崎	祖母山	そぼさん	1756
鹿児島	宮之浦岳	みやのうらだけ	1936
沖縄	於茂登岳	おもとだけ	526

Chapter

1

山に行く準備①
失敗しないお買い物

詳しくはページをめくって!

コスト 山の道具を買いに行ったら何万円もかかっちゃった

登山にはザック、登山靴、レインウエアなどの道具が必要ですが、それらは登山の快適さと安全性を高めるため、最新の技術をもとにつくられています。だから登山用品店で登山用のものを揃えられれば理想的だけど、高価なのが悩み。一度に揃えようとすると何万円もかかってしまいます。そこで、登山専用のものは少しずつ買い足すとして、まずは普段の生活で使っているものを上手に利用して、近所の低山へ出かけてみてはどうでしょう？　よくわからないまま買うのではなく、**必要性を納得してから買うほうが失敗しません**。ここでは、家にあるもののなかから登山向きのものを選ぶポイントをお教えします。

・ザック……手さげバッグを手に持って歩くと疲れるし、片手がふさがり、転んだときに手をつくことができないので危険。いつも両手が使えるようにナップザックやリュックを選びましょう。斜めがけバッグは手さげバッグよりはよいですが、片方の肩だけに荷重がかかって不安定だし、肩が痛くなる恐れがあるので、できれば両肩で背負えるものを。

・**靴**……登山靴がなければ、はじめはランニングシューズなどの運動靴でもいいでしょう。ハイヒールを選ぶ人はいないと思いますが、「スニーカー」として売られているものでもタウン用のかかとの高いものはバランスを崩して捻挫の原因になるので絶対に避けましょう。革靴のように靴底がツルツルのものは滑りやすいので、もちろんNG。

・**服装**……伸縮性があって動きやすいものを選びましょう。シャツは汗を吸いやすく、乾きやすい素材のものを。パンツはゆったりしたチノパンやランニングパンツなどがよいです。ジーパンは伸縮性に乏しいうえ、汗で濡れるとさらに硬くなり、足を上げづらく、とても疲れるという難点があります。

山言葉　**鞍部（あんぶ）**　山の山頂と山頂を結ぶ尾根上の窪んだ（標高の低い）ところ。コル、垰（たわ）ともいう。「鞍部に出る」「鞍部から登り返す」など、コースガイドでよく出てくる言葉。

必要度 2

山の道具って、どんなものがあるの？

登山には専用の道具がいろいろあります。なかには普段の生活ではあまりなじみのないものも。日帰り登山から1泊2日くらいをフォローできる道具を紹介しましょう。

まず優先して買いたいもの

●ザック（バックパック）●

お弁当や飲み物、防寒着などを入れる。いろいろな大きさやタイプがある。8000円ぐらいから。

●登山靴（ブーツ）●

運動靴よりガッシリしていて硬く、足を保護してくれる。1万5000円ぐらいから。

●レインウエア●

雨が降っているときに濡れないように着るが、風をさえぎるので防寒着にもなる。上下が分かれているものを。1万5000円ぐらいから。

次に揃えたいもの

●ウエア(シャツ)●

山用のシャツは汗をよく吸い、すぐに乾く素材が使われている。抗菌・防臭効果を備えているものも。5000円ぐらいから。

●ヘッドランプ●

山小屋泊まりで、消灯後にトイレに行くときなどに。頭に着けることで両手が使えるので便利で安全。3500円ぐらいから。

●スパッツ(ゲーター)●

レインウエアパンツの内側に着け、雨が足首から靴の中に入るのを防ぐ。ズボンの裾が泥で汚れるのも防げる。3000円ぐらいから。

●ウエア(パンツ)●

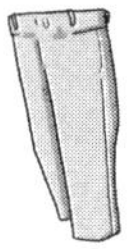

伸縮性があって、軽い素材が使われている。ひざのファスナーを外すと短パンに早変わりするタイプも人気。7000円ぐらいから。

●ソックス●

ふつうの靴下より厚く、保温性・クッション性が高い。専用ソックスを履くことで、靴ずれを防げる。1000円ぐらいから。

●ザックカバー●

雨のとき、ザックをまるごと覆って、荷物が濡れるのを防ぐ。ザックの大きさに合ったものを選ぶこと。2000円ぐらいから。

あるとよいもの

●ハイドレーションシステム●

チューブから水を飲むことができ、水筒を取り出す手間がなく水分補給しやすい。4000円ぐらいから。

●ストック●

歩行時にバランスを保ったり、足の負担軽減に。長さ調整が可能。8000円ぐらいから。

●帽子●

日差しをさえぎる目的ならキャップよりハットを。防水性のあるものは雨除けにもなる。3000円ぐらいから。

●手袋(グローブ)●

防寒用。夏でも手の保護や日焼け防止に薄手のものを持っているといい。2500円ぐらいから。

山言葉　**一本立てる(いっぽんたてる)**　短い休憩をすること。ボッカ（→P153）が休憩するときに、背負った荷物の下に杖を当てて（一本立てて）、立ったまま小休止をしたことから。

三大装備①

スーパーで買ったレインコート、山では使えなかった

普段使いのものでは代用が難しいもののひとつがレインウエア。スーパーやホームセンターで1000円程度で売られているレインコートは、山ではほとんど役に立ちません。なぜなら、まず、脚をカバーできないのでパンツと靴がすぐに濡れてしまうこと。そのわりに脚にまとわりついて歩きにくいのです。そして30分も歩くと汗でムレムレになり、コートの内側がびしょ濡れに。雨を防げても、自分の汗で濡れてしまっては意味がありません。さらに素材が弱いので、すぐに破けたり、切れたりします。また、ホームセンターで売られているゴム製のレインウエアもムレやすく、ほかの素材に比べて重量もあるので避けたいです。

多少値段は張りますが、登山用品店で売られている**防水透湿素材のレインウエアを買うのをおすすめ**します。**防水透湿素材とは、ゴアテックスに代表されるように汗による水蒸気をレインウエアの外に出してくれる素材**で、運動しても汗でムレず、快適。レインウエアには、ザックを背負ったまますっぽりとかぶれるポンチョもありますが、風が強いとあおられて、足もとが見づらかったり、裾が木の枝に引っかかったりすることがあるので、やはり**ジャケットとパンツに分かれているセパレートタイプがよい**でしょう。

だぶついて見えるのがイヤだからとタイトなサイズを選ぶと、フリースやダウンなどのボリュームのあるものを下に着たとき、パツパツになってしまうので注意。**幅は少し余裕のあるものを選ぶ**とよいですよ。買うときは**パンツも必ず試着して、長さを確認**しましょう。ジャケットとパンツが別売りになっているものは体に合わせて、「ジャケットはM、パンツはL」というように、上下で違うサイズを買うことができます。

山言葉　**右岸（うがん）**　沢・川の上流から下流を見て右側の岸を右岸、左側の岸を左岸という。コースガイドでよく使われる。進行方向の右・左と一致するとは限らないので要注意。

三大装備②

運動靴で登ったら捻挫しちゃった

ランニングシューズ（運動靴）と登山靴はどこが違うでしょうか？　まず、ランニングシューズは上部（アッパー）がやわらかい素材でつくられていて、通気性と軽さが重視されています。それに比べ、登山靴は全体的に硬くて丈夫。これは**岩などの硬いものから足を守る**ため。また、ランニングシューズはくるぶしの部分までしかありませんが、登山靴はブーツのように足首を覆う部分がありますね。足首をひもで締めて固定することで、バランスを崩しても捻挫するのを防ぐためなのです。長い距離を歩いて疲れたり、重い荷物を背負っていたりするときほど捻挫しやすいもの。**足首をしっかり保護してくれる登山靴はケガ防止に有効**だと言えます。

また、登山靴の底のゴムは車のタイヤのように深い溝が刻まれています。これで摩擦力を高め、**滑りにくい**ようになっているのです。さらに靴底も厚く、硬いので、出っ張った岩の上に足を置いても、足裏全体に圧力が分散され、**痛みや疲れから守ってくれます**。レ

登山靴

足を保護してくれ、山で長時間歩くのに適している。防水性も高い。重いのが難点。

ランニングシューズ

軽くて履きやすいが、登山にはやわらかすぎる。防水性もない。

ウオーキングシューズ

登山靴とランニングシューズの間のイメージ。登山靴よりソフトだが、靴底はしっかりしている。防水透湿素材が使われたものが多い。

インウエアと同じように防水透湿素材が使われた靴は、まるで長靴のように雨でも水の浸入を防いでくれるので、靴下が濡れることもありません。また、ぬかるみや水たまり、小さな沢を渡るときも気にせず歩けるので、断然有利。

　ただ、いくら軽量化が進んでいるとはいえ、ランニングシューズに比べると重いのが難点。日帰りの山だけを楽しむようなら、ガッシリした登山靴ではなく、ウオーキングシューズを選ぶのもよいでしょう。こちらは登山靴より軽く、ソフトなので、初心者でも抵抗なく履けると思います。その場合、捻挫グセのある人は、スポーツ用の足首サポーターをすると安心です。

山言葉｜**浮き石（うきいし）**　岩の一部がはがれたり、収まりが悪く、手や足をかけるとグラグラ動くような不安定な石のこと。浮き石の上に乗ってしまうとバランスを崩して転ぶ原因になるので注意。

三大装備③

たくさん入るほうがいいと大きなザックにしたら、デカすぎ

「大は小を兼ねる」といいますが、ザックの場合は、大きなものほどつくりが頑丈になるので重いし、値段も高くなります。それにザックが大きいとつい、余計なものまで入れてしまって、荷物が多くなりがち。**登山の日程に合わせて大きさを選ぶと失敗しません。**でも、ザックの大きさはリットルで表示されているので、慣れないと、どの大きさを買えばいいのかで悩んでしまいますよね。目安は**日帰り登山だけを楽しむなら、15～20リットル**の大きさで十分。慣れたころに**1泊2日程度の山小屋泊まり登山も楽しみたいのなら、25～30リットル**ぐらいのものを買っておくと、日帰りと両方に使えて汎用性が増します。

このくらいの大きさのザックには、左のようにパネルローディングとトップローディングの2つのタイプがありますが、それぞれ長短あるので、どちらを選ぶかはお好みで。

ところで、ザックにも服のように男女別や種類があることをご存知ですか？ 30リットル以上のものは、フィット感を高めるために、背面の長さを変えたり、女性の体に合わせてつくられているものがあります。**だからザックも試着が大切。**はじめはサイズを自分で選ぶのは難しいので、お店の人に見てもらうといいですよ。また、ザックの背負い心地で、いちばん気になるのはやはり肩と背中。肩に違和感がないか、首のうしろ側に当たっていないか、背中のパッドが体に合っているかも確認しましょう。

トップローディング

巾着のように口を閉め、雨ぶたをストラップで固定する。たくさん詰めこめるが、下側に詰めた荷物は取り出しにくい。

パネルローディング

上部についているファスナーで開け閉めする。口が大きく開くので取り出しやすい。荷物が多いときはファスナーが閉めにくい。

ザックの背負い方

①

腰と肩のベルトはゆるめておく。腰骨の位置でウエストベルトを締める。

②

ショルダーベルトを引いて、長さを調節。

③

チェストベルトを締めて、ショルダーベルトを固定。

④

トップベルトを締めて、ザックを引き寄せる。

山言葉　**雲海（うんかい）**　雲が一面に広がり、まるで海原のように見える、感動的な景色のひとつ。平地が曇っていて、その雲より高い場所にいるときに見られる。

ショッピング

ネットショッピングで買ったら、イメージと違ってギョッ！

便利でついつい夢中になってしまうネットショッピング。でも、山の道具はやっぱり実物を見て買うのが確実です。実は私、ザックをネットで買ってちょっと失敗した経験があります。テント泊用に50リットルのザックを買ったのですが、届いてみると、イメージより見た目が大きくてびっくりしました。同じ容量のザックでも、メーカーによって当然、幅や長さ、ポケットの大きさなどが違うので、写真とデータ表記だけで選ぶのは失敗のもとだと痛感しました。しかも、カラーはダークチェリーと書いてあって、写真では落ち着いた感じの赤色だったのですが、実際は鮮やかな赤。結構ハデな感じであせりました。もっとも、今は使い込んで、いい感じの色になっていますが。

ザックに限らず、**山の道具の良し悪しは、安全性にもかかわる大切なこと**なので、ショップに行って実際に触れて確認することが大切です。身に着けるものは必ず試着して、体にフィットするかも確かめましょう。ウエアは素材の質感もしっかり確認したいですね。

登山の専門店には、登山にかかわるものがトータルで揃っているので、1軒行くだけで欲しいものを揃えられるのが便利なところ。でも、初心者にとって、専門店に行くのはちょっと抵抗があるかもしれませんね。いきなり買いに行かなくても、**何がいくらぐらいで売られているのか、まずはショップをのぞいてみる**といいでしょう。どんな素材でどんなものがつくられているのか、触ったりタグを調べてみたりするとよくわかります。多くの品を見て触れてみれば、機能性や実用性を比較検討することができ、手持ちのもので応用可能かの判断ができるメリットも。きっと同じ年ごろの店員さんがいて、何でも親切に教えてくれますよ。

山言葉　**エスケープルート**　山のなかで天気が悪くなったり、体調を崩したりしたとき、近道で下山できるルートのこと。とくに何日もかけて山歩きをするときにはエスケープルートの有無も調べておく必要がある。

7

防寒の工夫

夏の富士山、薄手ジャケットじゃ激寒だった

標高の高い山の気温が低いことは誰でも想像に難くないでしょうが、実際にどのくらいの標高でどの程度寒いのかを予測するのは難しいことです。私も去年の夏、1泊で富士山に登りましたが、そのときダウンジャケットを置いてきたことを後悔しました。なにせ出発前日は猛暑日。西日が当たるサウナのような部屋のなかで、汗だくになって準備していたら、富士山では冬並みの服が必要だとわかっていても、とてもふかふかのダウンジャケットをザックに詰める気になれなかったのです。ところが夜明け前、山頂で日の出を待っているときの寒さといったら……。半袖シャツ、長袖シャツ、フリース、薄手ジャケットの上にレインウエアを着てもまだ寒い！　それもそのはず、富士山山頂の7月の平均気温は約4・7度（気象庁データ）。これは東京の1月ごろの気温です。

山では標高が1000メートル上がるごとに6度気温が下がると言われています。単純計算で、都心が30度のとき、標高約2000メートルの雲取山《くもとり》（東京都最高峰）は約18

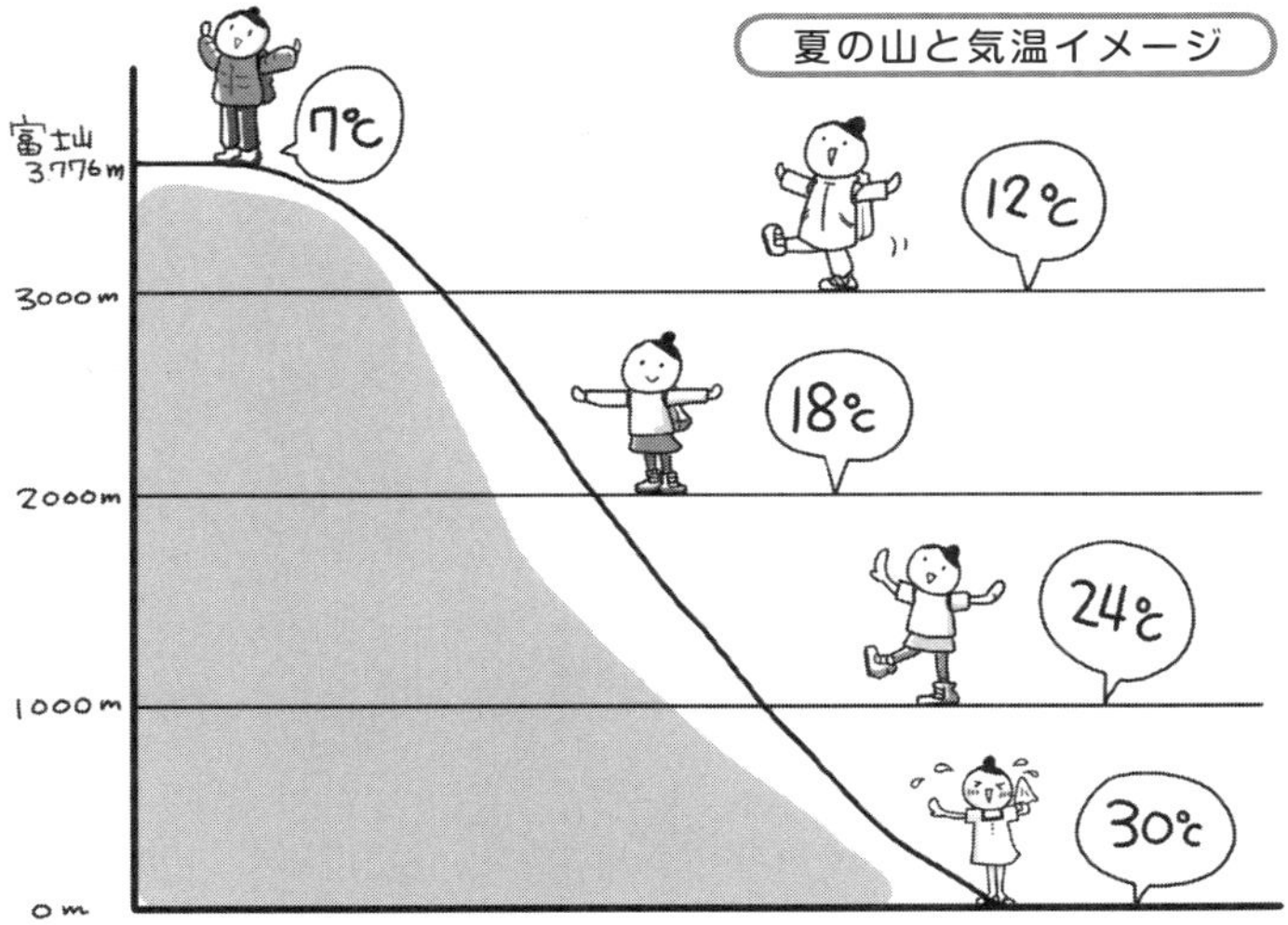
夏の山と気温イメージ
富士山
3,776m
3000m
2000m
1000m
0m
7℃
12℃
18℃
24℃
30℃

度、標高約3000メートルの乗鞍《のりくら》岳（長野県、岐阜県）は約12度、標高3776メートルの富士山では約7度になります。**登る山の標高を調べて、夏でも適切な防寒着を用意**することが大切です。

また、防寒着は厚手のものをどーんと1枚持つのではなく、**薄手のものを重ね着することをおすすめ**します。そのほうが服を着たときも体を動かしやすいし、こまめに体温調整できるだけでなく、ウエアとウエアの間に空気の層ができるので、温かいのです。行動中は半袖で十分でも、休憩すると急に冷えます。**山ではこまめに脱ぎ着して、冷えや、汗のかきすぎを防ぎましょう。**

山言葉

オーバーユース　人気の山にたくさんの登山者が集中し、自然に過度のダメージを与えてしまうこと。登山道が広がる、踏みつけで植物がなくなる、屎尿が浄化しきれないなど、さまざまな影響が出る。

ウエアの色

8 山のウエアはハデ色、ジミ色、どっちがいいの？

最近、山へ行くときにいちばん悩むのが、何を着ていくか、です。少し前までは登山ウエアは種類が少なかったので悩みようもなかったのに、今はショップへ行くたびに種類が増えていると言っても過言ではないほど。ボトムスだけでもスカート、キュロット、ショートパンツ、ロングパンツと数あるアイテムのなか何を着るか迷って、前日に鏡の前でひとりファッションショーをやったりして……。

以前、グレーのジャケットがお気に入りで、いつも着ていたのですが、あるとき、友だちが撮ってくれた写真を見て悲しい事実に気づきました。それは、服が地味なので、自然の色と同化して、どこにいるのかよくわからないということ。一方、友だちは**きれいなピンクやイエロー、明るいブルーのウエアで、写真写りが抜群！　ハデめの色を着ると、山のなかでは映える**んです。**それに明るい色が、肌の色もきれいに見せて、若々しい印象に。**以来、ウエアの色味を変えたのは言うまでもありません。

写りはともかく、山でハデ色を着るには重要な意味もあります。霧が濃いと、数メートル先さえ見えないことも。そんな場合、黒やベージュのジミめな色より、赤、オレンジ、イエローのウエアほうがよく見えます。**同行者とはお互いにハデ色ウエアを着ているほうが、視界が悪くても見失いにくく、はぐれてしまうリスクを減らせる**でしょう。

とはいえ、アイテムや色が多様になった分、**山でもTPOを考えたい**もの。ファッションは自由とはいっても、あまりに奇抜な色の組み合わせで、ほかの人をおどろかせないようにしたいですね。それに、ハシゴや岩をよじ登らなければならない山では、いくら下にタイツをはいているとはいえ、やはりスカートは避けたほうがいいと思うのです。

自然と一体化
新緑ジャケットだね～
オハヨ～
今日はメーサイね
まって
ナルホド…
雪がキレーね♥
白ジャケット…
もしかして前世って…
カメレオン～？

山言葉　**お花摘み（おはなつみ）**　女の人が野外でトイレを済ますことの隠語。この場合、植物の花を採ることではないのでウカツに使わないこと。（参考→P119、→雑撃ちP61）

9

ハイグレード

高機能ウエアの特性は？

ウエアはアイテムが増え、ファッション性が高くなっているだけでなく、機能の進歩もおどろくものがあります。数日着続けても臭わない下着、汗で発熱して温かいアンダーウエア、ケガを防ぐタイツなど、先進技術が結集された魔法のようなアイテムも。ふつうのウエアより価格は高めですが、どれも納得の使い心地。山ウエアにプラスするとより快適に山登りができるでしょう。

・**サポートタイツ**……腰やひざ周辺に伸びにくい生地が使われていて、そのテーピング機能によって脚の関節を安定させ、ケガや疲れを防止。ロングパンツの下にはいたり、スカートやショートパンツと組み合わせて着ている人が多い。

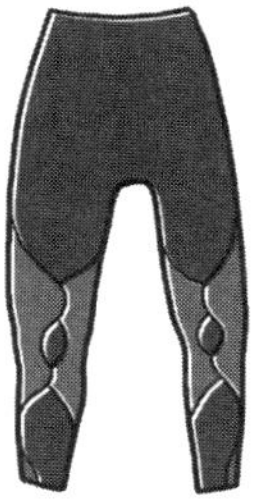

・**アンダーウエア**……汗をよく吸い、乾きやすいのは、今や当たり前の機能。最近は水分

を素早く外側へ逃がすことによって、汗で濡れてもヒヤッとした感じがしないシャツや、体からの水分で繊維が発熱して温かくなるシャツなど機能の向上が進み、寒い時期の山では欠かせないアイテム。また、汗のイヤな臭いを消してくれるシャツは山女子の強い味方。山の専門店だけでなく、スーパーで売られている似たような機能を持つアンダーウエアを選ぶのもよい。

・**サポートソックス**……かかとやつま先部分に高密度のパイル編み（タオル地のような編み方）を採用し、クッション性を高めて、衝撃から脚を守ってくれる。また、土踏まず部分をタイトにしたり、ふくらはぎに圧力をかけたりすることによって、運動機能を高め、長時間歩いても疲れない構造になっている。

・**インソール（靴の中敷き）**……クッション性、防臭効果だけでなく、歩くときの重心移動をスムーズにしたり、土踏まずの形を正しい状態に保って脚の疲れを軽減したりしてくれるものもある。

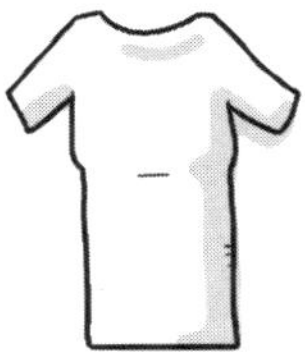

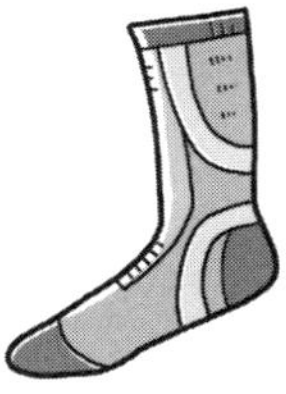

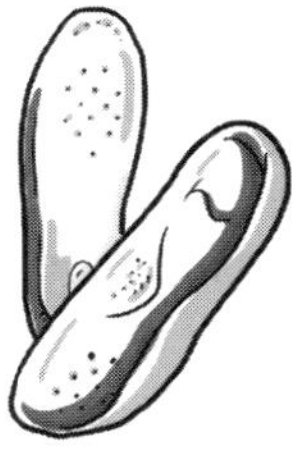

山言葉｜**お花畑（おはなばたけ）**　山のなかで多くの高山植物が咲いている場所。畑とはいっても自然のままで、公園にある花壇のように人工のものではない。花を摘むのはもちろんNG。写真を撮るときも踏み入らないように。

女子用品

女の子ならではの荷物の工夫&あると便利なもの

・**ティッシュ**……トイレはもちろん、鼻をかんだり、食器を拭いたりと、何かと利用頻度が高いもの。ポケットティッシュはすぐなくなってしまうし、小さく折りたたまれているので、使いにくいのが欠点。トイレットペーパーの芯を抜いて持ってくる人が多いけれど、私は箱ティッシュから必要量を抜いて（箱の口から手を入れて抜くと折りたたまれたままゴソッと出せる）ジッパー付きの袋に入れています。トイレットペーパーより強くて、使い心地がよく、量の調整もしやすいのでおすすめ。使用後のティッシュはすべて持ち帰るので、水に溶けやすいものでなくてもよいのです（↓Ｐ１１８）。

・**化粧ポーチ**……普段使いのポーチは細かいポケットやホルダーが便利だけれど、かさばって重いのが難点。巾着袋やジッパー付きの袋に入れると軽量化できます。

・**生理用品**……たくさん持つときは、衣類用の小さな圧縮袋に入れて空気を抜くと小さくできます。圧縮袋は色柄付きのものを選ぶと中身が見えなくて安心。

・ミラー……山小屋には、洗面所などの限られたところにしか鏡がなく、朝は混んでいることが多いので、ミラーを持っていると便利。外で日焼け止めを塗り直すときにも使えるようにすぐ出せるところに入れておきましょう。

・お財布……カードやショップのポイントカードなど、山で使わないものは抜いていきましょう。私はお札と少しの小銭だけを小さながま口に入れています。ビニール製のパスケースに入れるのもおすすめ。雨の日もお札が濡れなくていいですよ。

・ウエットティッシュ……食事前に手を拭いたり、汗でべたついたときに体を拭いたり、化粧直しにも使えます。ノンアルコール・無香料のものは顔などの敏感な部分にも使えるので、いろいろな場面で活躍。

・旅行用のフェイスケアセット……毎回、化粧品を小さなボトルに移すのはたいへん。山小屋泊まりには、化粧落としシート、化粧水、乳液などが使い切りのパウチパックになっているものを持っていきます。こちらのほうがむだがなく、衛生的。

・虫除け……山では汗の臭いにひきつけられるのか、小さな虫が寄ってくることも。虫除けは液体の塗るタイプもいいけれど、ウエットティッシュタイプが手早く塗れて便利。

山言葉　**カール**　氷河が山の斜面を削った跡で、半円形の窪地のこと。圏谷（けんこく）ともいう。涸沢カール（北アルプス・長野県）、千畳敷カール（中央アルプス・長野県）、薬師岳のカール群（北アルプス・富山県）などが有名。

Column

100円ショップの使えるもの・使えないもの

「安く済ませられるものは安く！」は、みんなの願い。100円ショップにはさまざまなものがあるので、節約派には強い味方。でも、注意が必要なものもありますよ。

ジッパー付き袋＆圧縮袋……◎

濡らしたくないものを入れるのにとっても便利。食品用は透明なので、中身が見えて便利だけれど、生理用品など人に見せたくないものは、色や柄のあるものを使うといいですよ。ダウンジャケットや着替えを圧縮袋に入れるのもいいけれど、すべてのものを圧縮すると硬いものばかりになって、かえってザックに詰めにくくなるので注意。

バンダナ……○

ハンカチ代わりに汗を拭いたり、首周りに巻いて日焼け止めに。お弁当を包むのにも使える。大判のものは、非常時には三角巾代わりにもなる。

軍手……△

防寒・手の保護用に持っていないよりはいいけれど、ゴワゴワしているので、使い心地はあまりよくない。濡れると冷たくなるので、やはり登山用の防水機能があるものか、ウール素材のほうがおすすめ。

懐中電灯……×

山小屋でトイレに行くときに使うのはいいけれど、非常時に両手が使えるヘッドランプを用意したい。

レインコート……×

風がなく、しとしと雨のときは、ないよりはマシという程度（P32参照）。

ソックス……×

登山靴にはクッション性・吸湿性が高い登山用のソックスを。薄手のものは摩擦に弱いだけでなく、すぐに汗で濡れてしまい、皮膚がふやけて靴ずれの原因に。また、薄手のソックスを２枚重ねて履くのは、よれやしわができやすく、よけい靴ずれになりやすいのでNG。

方位磁石……△

地図を見るときに使う方位磁石。でも、安価なものは精度が疑問。方向違いは命取りなので、あまりにも安易なつくりのものは避けましょう。

Chapter 2

山に行く準備②
失敗しない計画の立て方

詳しくはページをめくって!

情報集め

山のガイドブック、超いっぱいあって選べない

晩ごはん何にしようと迷ったときにレシピ本を見るように、山に行きたいな、でもどこにどんな山があるのかわからない、そんなときは「山のガイドブック」を見るのがいちばん。**ガイドブックには、山の特徴や登山道の状態、登山適期、コースタイム、地図など、山に登るのに欠かせない情報が詰まっていて、**大きな味方になってくれます。

でも、書店に並ぶたくさんのガイドブックを見て、その種類の多さにとまどうこともあるでしょう。そこで、まずは本を選ぶときのポイントです。それはズバリ次の3つ。

①山のガイドブックは、『首都圏の山』『北アルプス』などのように地域別で紹介されているもの、『展望の山』『温泉の山』など山の楽しみ別にまとめたもの、『○○百名山』など全国の名山を集めたものなど、いろいろな種類があります。**はじめてガイドブックを買うなら、家から日帰りで行けて、初心者向きのコースがたくさん載っている本**を（↓54ページ）。ここで間違って『岩稜アルプス』なんて本を買ってしまうと、登れるよ

うになるまでタンスならぬ本棚の肥やしになるだけですよ。

②次に、ひとつのコースに目を通してみましょう。その山・コースはどんな雰囲気か、危険箇所はあるのかないのか、コースを歩くための具体的情報やアドバイスが書かれていて、**山の様子がイメージできる本**がよいです。意外に山のなかより、登山口にたどりつくまでに迷うことがあるので、アクセスを含めたアプローチがわかりやすいことも重要。複数の本の、同じコース（山）を開いてみて見比べると、違いがよくわかります。

③山に登るとき、地図は必携（↓146ページ）。だから、**わかりやすくて正確な縮尺の地図がついている本**を選びましょう。詳しい地図が載っていれば、コピーして山に登るときに持っていくことができます。コピーだと軽くて扱いやすくて便利です。小さいものや、デザイン過剰で距離感がつかめないものは、地図としては×。

最近は一般登山者のブログやホームページなど、ネットでの情報が充実してきました。とはいえ、とくに初心者は、ネットの情報だけに頼らず、注意・危険箇所がしっかり載っているガイドブックにも目を通しておくのが安心です。

山言葉　**ガス**　霧のこと。「ガスる」は霧で視界が悪くなること。「ガスが出てきた」「ガスかかる」のように使われる。

2

モチベーション

何となく最初の一歩が踏み出せない

池に浮かぶスイレンがきれいな東京都練馬区の石神井《しゃくじい》公園、夏でもひんやり涼しい世田谷区の等々力《とどろき》渓谷、桜がきれいな新宿区の新宿御苑などなど、たとえば、都心にもすてきな自然公園がたくさんあります。きっとあなたの家の近くにも遊歩道のある自然公園や運動公園があるでしょう。私も、**今日は山へは行けないけれど、少し体を動かしたいなと思ったときに出かけて、きれいな空気を吸いながらウオーキング**を楽しんでいます。

山登りをはじめてみたいけど、子どものころの学校登山以来、山に登っていないし、山ってやっぱりこわそう……、そう思って実際に山へ行くことになかなか踏み切れないなら、まず、街なかの自然公園に行ってみてはいかがですか？　普段、アスファルトの舗装路歩きしかしていない人には、舗装されていない道を歩くだけでもかなり新鮮な感覚が得られるはず。自然公園なら軽く運動ができる服装と靴でよいので、特別な装備は必要ありません。それに「山はちょっと……」という家族や友だちも誘いやすい。自然のなかを歩く爽快感を味わいつつ、山歩きのウオーミングアップをするようなものです。

自然公園にはほかにもいいことがあるんです。それは公園内の植物にネームプレートがかけられていること。歩きながらいろいろな木や野草の名前が覚えられて、まるで図鑑のなかを歩いているみたい。山に行ったとき、この花はシャガっていうらしいよ、このどんぐりはコナラの実なんだよなんて、**覚えたことをさりげなく友だちに教えてあげられたら楽しい**ですよね。

山言葉　**空身（からみ）**　荷物を持たずに登ること。「山小屋に荷物を預け、空身で山頂を往復する」などと使う。ちなみに、ほかの人に自分の荷物を持ってもらって登ることを「大名登山」という。

3 山選び どの山に登ればいいか、わからない……

山女子にとって、山に行く計画を立てるのは、とってもワクワクする作業。山頂からの展望を想像したり、まだ見たことのない雲上のお花畑を夢見たり、自分に行けるかしらとちょっとドキドキしたり……。

でも、ガイドブックなどに載っているたくさんの山を前に、どこに登ったらいいかわからず、途方に暮れている人、いませんか？

山を選ぶのにはずせないポイントは、初心者向きのコースがある山から挑戦することです。「自分は大丈夫」と過信して、いきなり中級者や上級者コースに挑むのは厳禁。危険な場所があったり、行動時間が長かったりして、山のなかで「動けない、助けて〜」という命にかかわるような状況になりかねません。コースのレベルは「初級・中級・上級」と分けているもの、アイコンで表しているものなど、ガイドブックによって違うので、本の説明をよく見ましょう。

慣れるまでは、初心者コースのなかでも歩行時間が短くて、自宅からあまり遠くない山を選ぶようにしましょう。自宅から近いということは登山口までのアクセスが短いし、その山周辺の土地勘があるしで、それだけでも不安要素が減るものです。

花がたくさん咲く山を選んだり、山麓に温泉がある山や、ローカル線で行く山を楽しんだりと、山以外の好きなことと組み合わせている人も多いよう。そのようなことも、山選びのときのヒントになるかもしれませんね。

山言葉　**ガレ**　岩や石が積み重なり、ガラガラしている斜面。そのような場所を「ガレ場」という。ガレより石が小さく、砂礫でザラザラしているところは「ザレ」という。

連れの心得 4

連れて行ってくれるというので気軽に行ったら、想像以上にハードでバテバテ

経験者に山へ連れて行ってもらえるとしたら、山登りをはじめたいと思っている人には絶好のチャンス。きっと行く前にはどんな山なのか、どのくらい歩くのか、何が必要なのかなど、詳しく教えてもらえるでしょう。

でも、誘ってくれた人におんぶにだっこ、すべてお任せしていませんか？

山登りは自然のなかで楽しむ遊び。遊園地や観光地とは違うので、思わぬアクシデントに遭うことがあります。自分の行動は自分で判断し、決めたことには責任を持つ、つまり**自己責任で楽しむというのが登山のルール**です。

以前、長野県のある山のなかで「あなたが誘ったから来たのに、こんなにツライ目に遭わせてひどいじゃない！」と言ってすごい剣幕でリーダーを責めているおばちゃんを見かけました。長い登りで疲れてしまったらしく、八つ当たりしている様子ですが、その迫力といったら……。あらら、これじゃあ、二度と誘ってもらえないどころか、人間性が疑わ

れちゃう。人間、切羽詰まったときに本性が現れるものなので、山でピンチを迎えたとき、自分のイヤな部分も出やすいんですよね。

せっかく誘ってくれた人を責めるなんて最悪の事態にしないためにも、**すべてを人任せにしないで、コースの難易度や歩行時間などを自分なりに調べ、本当に行けそうかどうか、自分で判断する**ようにしましょう。そうやって、少しずつ山について勉強することが、経験値アップにつながりますよ。

山言葉　**灌木（かんぼく）**　背の低い木。高山では、標高や風の影響で木が大きくなれず、標高の低いところに比べて丈が低くなっているところがある。そのような木が生えているところを「灌木帯」という。

同行者さがし

いっしょに行ってくれる人がいない

友だちや会社の人など、身近に同好の士がいれば、即つかまえて。でも、そういう人がいないからとあきらめるのは早すぎますよ。そんな人には次の3つの道を提案します。

・タイプ①バリバリの山女を目指す→山岳会に入る

ハイキングじゃもの足りない！　私は険しい山へもどんどん登れるようになりたいの、という人には、山岳会に入るのがおすすめ。山岳会は山好きが集まって組織化されたクラブ活動のようなもの。ヒマラヤなど世界の高峰を目指す会もあれば、身近な山を楽しむことに重点を置いている会まで、そのスタイルはいろいろ。定期的に集会があったり、会での役割があったりと面倒なこともあるけれど、大勢の先輩から直接登山技術を教えてもらえるのが大きなメリット。会の山行《さんこう》に熱心に通えば、確実に技術が身について、すぐに本格登山にも挑戦できるようになるでしょう。

・タイプ②同じくらいのレベル・年齢の子と登りたい→女子限定のツアーへ参加する

いちばん手軽で現実的なのは、ツアーに参加すること。今は山女子ブーム隆盛ですから、ネット検索すれば、女性限定ツアーもすぐに見つけられます。はじめての人を対象にしたワークショップや、買い物ツアーを絡めて企画しているところもあって、楽しくはじめられそうですよね。新しい友だち（山友）をつくれるという利点もあります。

・タイプ③団体行動はちょっと苦手なのよね→コツコツ独学で技術を磨く

技術書やガイドブックなどを何冊も熟読して、独学でやさしい山から挑戦。少しずつステップアップしていくという方法も。自分でもしっかり下調べをして計画が立てられ、責任を持って行動できる自立した人向き。でも、単独で登山をする場合は、そのリスク（→157ページ）を理解したうえで山に行ってくださいね。

そういう私はどうやって山を学んだかというと、山好きの父と子どものころから山に登って、こまごま基礎を教えられました。転んだり、滑ったりするたびに、真剣さが足りない！　それが事故につながることだってあるんだぞ！　と叱られたりしながら……。

山言葉　**岩稜（がんりょう）**　岩がゴツゴツと露出した尾根。視界をさえぎるものがなく、スリリングでダイナミックな岩稜歩きができるのは、アルプスの山の魅力のひとつ。

6

女子的パーティー

「山へ行こう」と声を上げたら10人も集まっちゃった

大勢で行けば、修学旅行気分で楽しそうな山登り。でも、初心者だけの大きなグループは、おすすめできません。

あなたが言い出しっぺで、みんなはじめてなら、あなたがリーダーにならざるを得ないでしょう。たまたま天気がよくて、みんなの体調もよくて、というときはうまくいくこともあるかもしれません。でも、街では考えられないようなことが起こるのが山。途中で天気があやしくなったとき、安全なところまで行くのがよいか、それとも引き返すべきか、適確に判断できますか？　仲間がケガをして動けなくなったとき、その人だけでなく、ほかのメンバーのことにも目を配れますか？　**山では、たったひとつ判断を誤っただけで、事故につながることもある**のです。それに人数が増えれば増えるほど、歩くのが速い人と遅い人の間が広がって道迷いの原因になったり、ゆっくり休みたい人、速く行きたい人、それぞれが好きなことを言ったりして、まとめるのは想像以上に難しいもの。

だから、**初心者ばかりで行くときは、やさしい山でも気心の知れた友だち2~3人で行くように**しましょう。少人数なら、「○○ちゃんがつらそうだから、もうちょっとゆっくり歩こう」とか、「足が痛そうだけど靴ずれじゃない？」なんて、お互いの変化にも早く気づけて、深刻な状況になる前に臨機応変に対処できますよ。

なお、**あなたが経験を積んで、初心者を連れて行く場合、山選びはいちばん経験の少ない人に合わせて、やさしくて短めのコースにするのが基本**です。

Column

「女の子が登れない山があるって本当？」

残念ながら本当。それは、奈良の大峰《おおみね》山脈にある山上《さんじょう》ヶ岳という山。なぜ登れないかというと、ここは修験の山で女人禁制（女の人はすべて、女人結界の門から先への立ち入りが禁止）だからです。修験者が（色恋に惑わされず？）修行だけに集中できるようにとか、生理や産後の血が穢れだと考えられていた、険しい山なので女の人の安全を考えたなど、そのはじまりにはいろいろな説があるのですが、女の人を山に入れないというのは、修験者にとって、昔から受け継がれている大切な伝統なのですね。

富士山、白山《はくさん》、立山《たてやま》、出羽《でわ》三山なども昔は女人禁制だったのですが、徐々に解禁され、今なお守られているのは、日本中でたった一山*、この山上ヶ岳のみ。登ってみたいとは思うけれど、昔からの伝統が残る山は日本中で、もうこの山だけと考えると、貴重だなとも思うのです。

*四国にある石鎚山は、お山開きの日（7月1日）のみ女人禁制です。

山言葉

雉撃ち（きじうち）　男の人が野外で用を足すこと。女性の場合は「お花摘み」。大雉（大）、小雉（小）、から雉（おなら）、雉紙（トイレットペーパー）などの派生語も。下品なので女の子はあまり使わないようにね。

登山レベル

7 どのくらいから中級者になれるの？レベルアップしないと楽しめない？

山のガイドブックにはたいてい初級、中級、上級などコースの難易度で分けられて紹介されていますね。ひと口に「山」と言っても、遊歩道がある公園のような山から、岩だらけ、崖だらけの険しい山までいろいろ。だから、その山・コースがどのくらいの難易度か、はじめて行く人でもわかるようにしてあるんです。

はじめて山に登るなら初級者向きのコースを選びましょう。「どうして？」と思うなら、ドラクエなどのゲームを想像してみるとわかりやすいかも。レベル1で、体力がなく、経験値もないのに、いきなりゲーム終盤に出てくるような相手と戦っても、一発で負けちゃいますよね。山はゲームではないし、戦いでもないけれど、経験を積むことが必要という意味では、似たようなところがあります。

ここで誤解がないように大きな声で言いたいのですが、**初級者向きのコースがつまらなくて、上級者向きのコースがおもしろいかと言えば、そんなことはまったくない**ですよ。

たとえば、盛夏、晴天に恵まれた日の中央アルプスの木《き》曽《そ》駒《こま》ヶ岳（長野県）。ロープウェーに乗ることで、山麓からのつらい登りはパスできて、ロープウェーを降りれば、いきなりアルプスのど真ん中である千畳敷。そこから木曽駒ヶ岳へ向かう道は、高山植物がたくさん咲いているし、展望はいいしで、初心者でも高い山を歩く醍醐味を味わえます。ベテランでも、好みによって初級者向きの山も楽しんでいます。ちなみに、私が一年に行く山のうちの半分以上は初級者向きです。

さて、初級者コースからはじめるのはいいとして、問題はどこまでいったらレベルアップできるか、ですよね。実は、明確な基準はないんです。柔道のように昇級試験があるとか、初級コースを10山登ったら中級コースへ行ってもいいですよ、なんて決まりがあればスッキリするのですが……。**自分の体力や技術に自信がついてきたら、少しずつレベルを上げていくのがいいでしょう。**これも、自分で判断するしかないのですが、私などはそんなところが、山登りのよさかな、と思っています。

山言葉　**霧しょん（きりしょん）**　霧雨（霧のように細かい雨）のこと。決して上品な言葉ではないので、女の子が「今日は霧しょんでガッカリ～」などと大きな声で言うと、白い目で見られることに……。

8

山レベルの誤解

けっこうキツかった高尾山（東京都）。観光客でも行ける山だと思っていたのに？

山友だちに「槍《やり》（北アルプスの槍ヶ岳）に登ってきたよ」と言うと、すかさず聞かれます。「へえ、すごいね。で、どこから？」と。その答えが「槍沢《やりさわ》から」だった場合、「すごいね」という表情の陰に「まあ、でもふつうだね」との含みが見えたりします（このコースも上級者向け）。これが「東鎌《ひがしかま》（尾根）から」とか「テントで西鎌《にしかま》から」となった場合、同じ「へえ、すごいね」のことばのなかに「おお、なかなかやるね」という賞賛を感じます。そして「大キレットを越えて北穂まで（これはエキスパートコース）行ったんだ」と言えば、尊敬の眼差《まなざ》し。さらに、「北鎌を登った（バリエーションルート↓P137）」なんて言ったときには、まるで神を崇《あが》めるような眼差しで見上げられるでしょう。

そう、**同じ山でも登るコースによって難易度がまったく違う**んです。これは、登山道が複数ある山ならどこでも当てはまること。高尾山でいうと、ケーブルカーで山の上まで上がって、そこから山頂を往復する（1時間ぐらい。ほぼ観光コース）のと、京王線の高尾

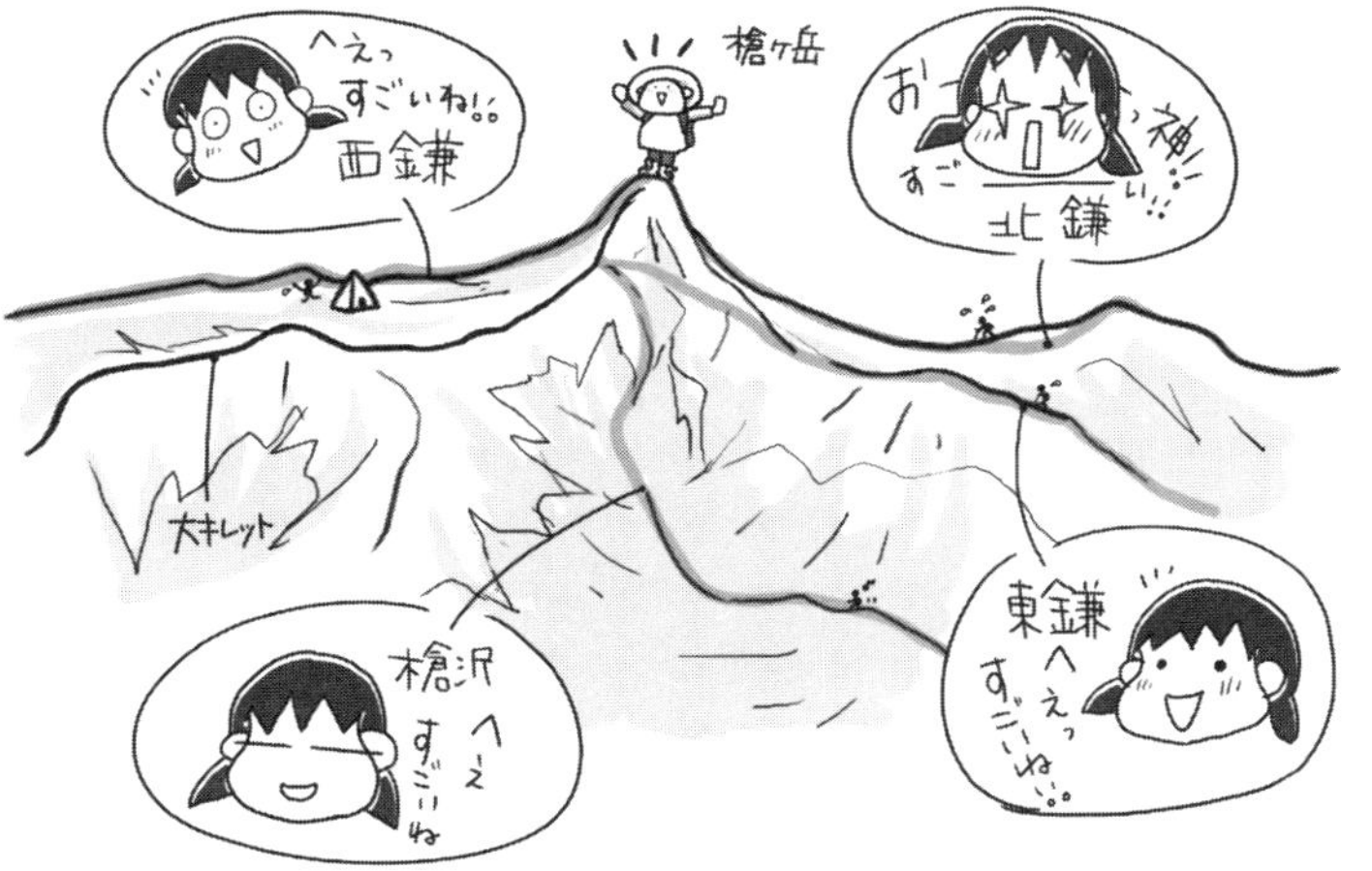

下る（3時間半ぐらい。本格コース）のとの違いのように。だから、**山の名前だけで選んで、あとはどのコースを歩いても同じだろうと思い込んでしまうと失敗することも。もう一歩踏み込んで、その山のなかでも自分の体力や技術に合ったコースを選ぶことが大切、すなわち楽しめる登り方**なのです。

難しいコースを登ったからエラく、やさしいコースでは笑われるなんてことはありません。一方、ラク＝楽しいでもなく、息を切らして登ることで充実感が味わえることもあります。どのコースを登ったのかが重要ではなく、その山で自分がどれだけ楽しめたかが大切なのです。

山言葉　**キレット**　山の稜線が険しく切れ込んでいる場所のこと。漢字では「切戸」または「切処」と書く。北アルプスの南岳と北穂高岳間にある「大キレット」はとても険しく、登山者憧れの岩稜ルートのひとつ。

季節ごとの登山

9 パワースポットの筑波山（茨城県）、冬に行ったら雪があって登れなかった

冬の蝶《ちょう》ヶ岳（北アルプス）に登ったときのこと。稜線（山頂と山頂をつないでいる尾根）に出たとたん、とても立っていられないほど強く吹きすさぶ風と雪に襲われ、這うようにして冬期小屋（冬、山小屋が営業していない期間、登山者に開放されている避難小屋）に何とかたどり着いたことがあります。夏は、足もとにハクサンイチゲやウサギギクなどの高山植物が咲いていて、目の前に広がる穂高連峰の大パノラマに、思わず鼻歌を歌いながら歩きたくなるような、最高に気持ちのいい山なのに、冬はこんなに厳しいのか、と季節によって変わる山の表情を、身をもって知った経験でした。

このように、夏にはさわやかな高い山は、冬は雪山専用の道具やウエア、技術や経験が必要な険しい山となります。逆に、標高の低い山は、夏は暑すぎてとても登れないといったことも。だから、**失敗しないためには、季節に合った山を選ぶことが大切**なのです。

ここで、私が登る山を季節ごとに紹介しましょう。春は里山に咲く花がきれいな時期。

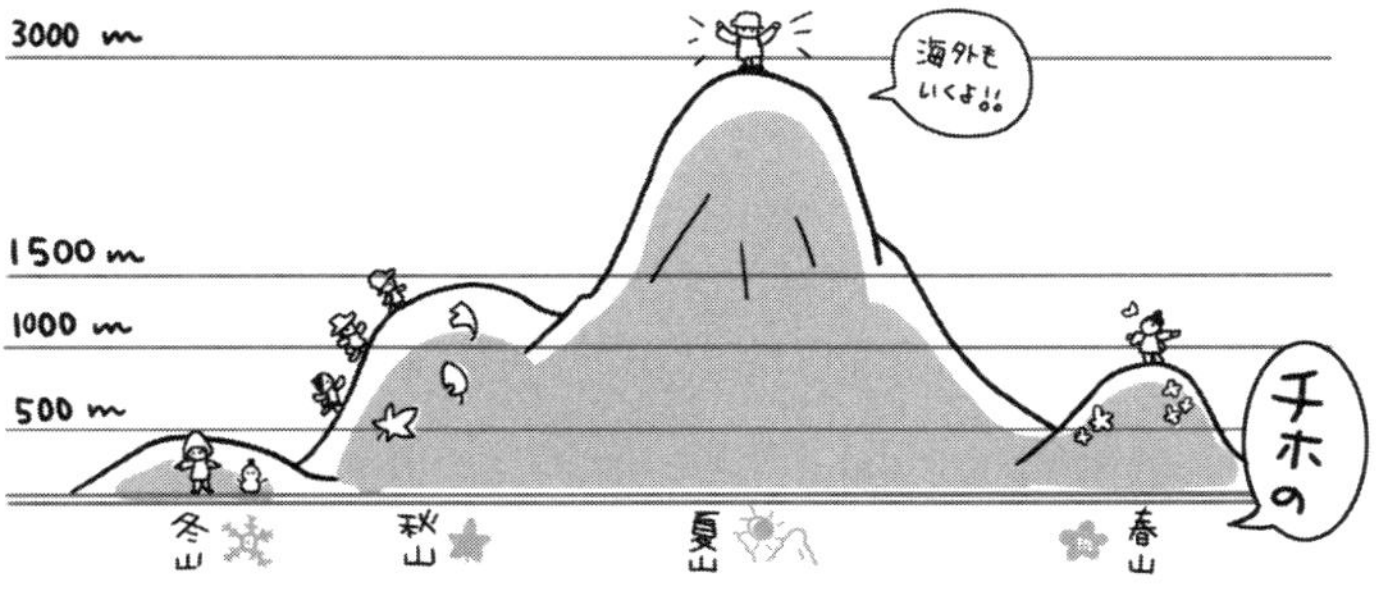

標高８００メートル程度までの低山で、サクラやカタクリ、ツツジなど、春の花がたくさん咲く山を選びます。夏は梅雨明けを待って１５００~３０００メートルぐらいの標高の高い山に行きます。63ページで紹介した木曽駒ヶ岳のように標高が高くてもロープウェーなどの乗り物を使えば初心者でも楽しめる山もあります。そして、秋は紅葉が山の上のほうからだんだん下りて来るのとちょうど合わせるように、登る山の標高も少しずつ下げていきます。冬は家から近い奥多摩・奥武蔵、千葉、神奈川の山など、標高５００メートル前後の超低山で、日だまりハイクをします。

ただし、パワースポットとして人気の筑波《つくば》山でも、冬、低気圧が通ったあとなどは、雪が30センチも積もり、雪山装備なしには登れなかったということもあるので、直前の情報集めは念入りにしましょう。

山言葉　**草紅葉(くさもみじ)**　草や背の低い木々が、秋、紅や黄色に色づくこと。標高3000ｍ級の山では、8月下旬から9月上旬に、早くも高山植物の紅葉が始まる。

10

はじめての雪山

雪山へ行きたいけれど、初心者には無理かしら？

前でもちょっと触れましたが、冬の山は、夏のイメージとはまったく違います。寒い、凍って滑りやすいというだけでなく、雪が積もっていると、一歩ずつその雪を踏みしめて歩かなければならない（ラッセルと言います）ので、雪がないときよりずっと体力を消耗します。それに、登山道が雪で覆われているときは、どこが道かわかりづらくなるし、沢やちょっとした地面の凹凸も雪に隠れていたりして危険です。さらに、雪崩の危険があったり、天候が荒れれば厳しさが一気に増すなどのリスクも。また、新雪にはワカンやスノーシュー、固い雪や氷にはアイゼンとピッケルといった雪専用の道具や、それらを使いこなす技術も必要。だから、**初心者だけで雪山に入るのはとっても危険**です。

とはいっても、どこまでも広がる雪の白と空の青だけの世界を眺めたり、まだ誰の足跡もないフカフカの雪の上を歩いたりすることは、夏の山では味わえない楽しさ。季節ごとに違う魅力を体験するのも山の楽しみだと思います。もし、雪の山に興味があれば、北八《きたやつ》ケ岳や霧《きり》ケ峰（長野県）、福島の裏磐梯《うらばんだい》などで、**初心者を対象にした雪山入門ツアーがたくさん企画されているので、それらに参加するといい**ですよ。ツアーでは、スノーシューなどの必要な装備もたいていレンタルできます。

山の違う表情を知り、少しずつ山登りの幅を広げていけば、山のことがもっともっと好きになること間違いなしです。

冬山支度

雪専用の道具

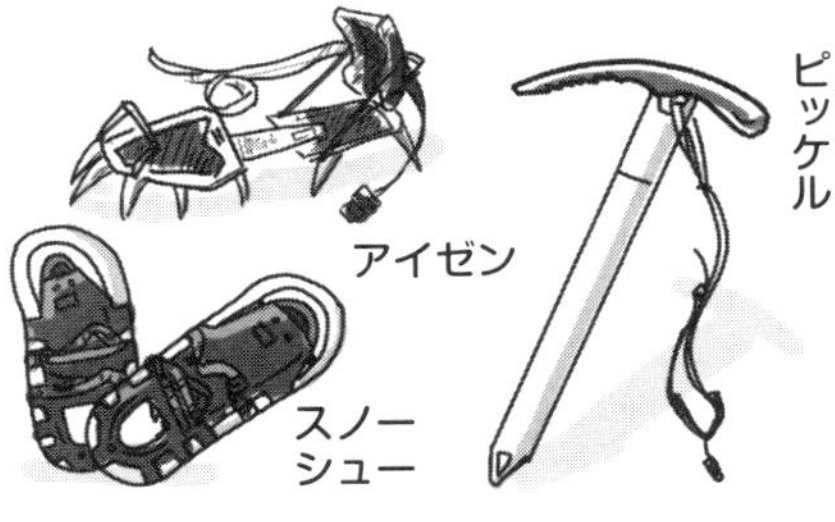

山言葉　**グリセード**　ピッケル（雪山で使う杖のような道具）を体のうしろにブレーキ代わりについて、急な雪の斜面を滑り下りる技術。これができる男子はかっこいい。お尻をつけて滑り台のように滑るのは「尻セード」という。

トレーニング

体力づくりのためにジョギングをはじめたけれど、山へ行く前に挫折

山登りというと、体力が必要というイメージがついてきますよね。確かに、一日に何時間も歩くわけだから、体力があったほうがいいことは確かです。だから、そのためにジョギングや筋トレをやって体力づくりをするのはいいこと。でも、山へ行く前にイヤになっちゃった、飽きちゃったなんてことになったら、それこそ本末転倒です。

私の考えは、**山登りの体力は山でつけよう**、です。**ジョギングをして体力だけを鍛えた人より、小さな山でも頻繁に登っている人のほうが、山では、総合的には強い**と思うからです。なぜかというと、岩場やガレ場などの歩きづらい場所があったり、天候の影響を受けやすかったりと、いろいろな要素がからむ**山登りは、体力だけでなく、技術と経験がものを言う**から。家の近くの低山を歩くだけでも、石がゴロゴロしている場所での足の置き方や、下りでのバランスのとり方など、自然に体が覚えていくものです。

山登りは一年中楽しめますが、いちばん盛り上がる季節はやはり高い山に登れる夏。私は気候がよくなる4月ごろから山へ行く回数を増やしたり、行程の長い山を登ったりして、冬の間についてしまった余分なお肉を落として、7月中〜下旬ごろの梅雨明けにベストコンディションになるようにします。近所の山へ行くのが難しいという人は、エレベーターを使わず、階段の昇り降りをしたり、ひと駅手前で電車を降りて家まで歩くなど、無理なく続けられるトレーニングがおすすめです。

山言葉　**下界（げかい）**　高い山の上から見た街、または日常世界のこと。「下界を見渡す」「下界は暑そうだね」などというように使う。

12

実施スケジュール

山の計画って、どうやって立てればいいのかな？

今度、友人と湯河原（神奈川県）にある幕山《まく》へ行きます。麓に梅林があって、満開時には4000本もの梅が山腹を覆うように咲くとか。山頂からは相模湾と真鶴《まなづる》半島の眺望もよいそうで、とても楽しみ。そんな幕山を例に、**山の計画の立て方**を紹介します。

まず山が決まったら、大まかなタイムスケジュールを組みます。今回私たちが歩く、湯《ゆ》河《が》原《わら》梅林～幕山～南郷《なんごう》山～嵯《さ》峨《が》沢《さわ》温泉はガイドブックのコースタイムによると3時間30分。私も友人も歩く速さは、いつもだいたいコースタイムと同じぐらいなので、コースタイムをほぼ自分の歩く時間と考えることができます。もっと速く歩く人は3時間に、ゆっくり歩く人は4時間とるなど、加減してください。**コースタイムには休憩時間が入っていない**ので、休む時間を加えます。梅林でのお花見に30分、お昼休憩に40分、途中の休憩時間30分（3回×10分。50分～1時間で10分の休憩が目安）を追加すると山のなかだけで5時間10分必要なことになります。麓の温泉で汗を流してから帰りたいので、15時には温泉

チホ流・山の計画の立て方

①行く山を決める。
②コースタイムを確認し、自分の歩く速さによって時間を加減。それに休憩時間などを加える。
③下山する時刻から歩きはじめる時間を逆算（さらに1時間ほどゆとりを加味するとよい）。
④歩きはじめる時間に合うように、登山口までのアクセスを調べる。
⑤帰りのアクセスを調べる。

に到着したいところ。そこで15時から5時間10分を引くと、9時50分ですが、何かあったときのために、余裕をもって梅林出発を9時とします。これだけ決めれば、あとは9時前後に湯河原梅林に着けるよう、電車・バスの時間を調べればOK。

なお、日没1時間前くらいから暗くなりはじめるので、**どんなに遅くても日の入りの1時間前には下山口（今回でいうと嵯峨沢温泉）に着くように**します。計画時に、2〜3時間余裕を持てば安心。

行きは念入りに調べても、帰りのアクセスについては甘くなりがち。最終バスに乗り遅れたらその日のうちに家に帰れない、なんてことも起こりうるので、**帰りのアクセスもしっかり調べましょう。また、車で登山口に向かう場合は、渋滞による遅れも考えのうちに。**

山言葉　**ケルン**　石を積み上げてつくられた目印・道しるべ。遭難者を追悼してつくられることもある。ケルンを見ると、ついその横に新しいケルンをつくりたくなるが、むやみに石を積むのはやめたい。

地域交通情報

あれ？ バスが来ない。駅で待ちぼうけ

「日本百名山」に入っているような有名な山はともかく、地方の小さな山は、最寄りの駅から登山口までの交通機関が少ないのが悩み。朝に1本、夕方に1本しかバスがなく、それを逃したらタクシーしかないという山も多いのです（なかにはタクシーさえもないという山も）。駅から遠い山へ行くには、バスを利用することが多いですが、最近は民間のバス会社ではなく、自治体が住民の生活のためにコミュニティーバスとして運行しているというケースが少なくありません。**そのようなバスは、学校や役場、病院が休みになる土・日曜は運休で、週末登山には使えないこともある**ので、山の計画を立てるときはよく確認するようにしましょう。

3～4月は特にダイヤ改正があって時間が変わっていたり、極端なケースを言えば、バス路線自体が廃線になるということもあるので、直前にもう一度確認することも大切。時間とお金をかけて最寄りの駅まで行ったものの、アテにしていたバスが走ってなくて、山に行けなかったなんてことになったら、本当にがっかりですよね。

そう、これはアクセスの話ではないのですが関連した話をひとつ。何年か前に静岡の両親が、富山の黒部《くろべ》峡谷にある祖母谷《ばばだに》温泉へと出かけました。登山口の欅平《けやきだいら》まで行ったものの、なんと温泉への道が、たまたま起こった土砂崩れで通行止め。1日以上かけて富山まで行ったのに、秘湯には入れずに帰ってきたという笑い話になりました。極端な大雨が降る時期はこのようなこともよくあるので、**アクセスだけでなく、登山道の状況を市町村役場に確認しておくと安心**ですよ。

山言葉　**健脚（けんきゃく）**　体力、脚力があるひとのこと。「健脚向きコース」と書かれているときは、距離が長い、または急傾斜のハードなコースであることを覚悟しよう。

Column 夢ではない海外トレッキング

山をはじめたばかりで海外トレッキングなんて……と思うかもしれませんが、海外にも、初心者でも楽しめる山がたくさんあります。私はヨーロッパアルプスへ行って、日本では見ることができない山のダイナミックな景色に感動し、ますます山登りが好きになってしまいました。

韓国、カナダ、アメリカ、ニュージーランドなどなど、ハイキングや軽登山を楽しめる国は世界中にあって、初心者向けのツアーもたくさん企画されていますが、山好きの女子にとくにおすすめしたいのがスイスアルプス。トレッキングコースが無数にあって、そのほとんどがロープウェーやゴンドラで高いところまで行けるので、つらい登りはほとんどなし。危険な場所も少ないので、山をはじめたばかりの人でもOK。それで「アルプスの少女ハイジ」の世界のような、白い雪の山々を間近に見上げたり、ひつじがお昼寝しているお花畑のなかをトレッキングできるのです。山の麓のホテルやレストランは花がいっぱいに飾られてきれいだし、道路も駅も清掃が行きとどいて清潔。そして、何よりヨーロッパの周辺国と比べても治安がいいので、女の子だけで歩いていても安心。

もし海外旅行に行く機会があったら、トレッキングも楽しんでみてはいかがですか？

Chapter
3

失敗しない直前準備

詳しくはページをめくって！

パッキング

レインウエアがザックのいちばん下で、取り出すまでにびしょ濡れになった

夏の山でよくある夕立。さっきまでの青空が急に曇り、ポツポツきたなと思った次の瞬間にはどしゃ降り、ということもめずらしくありません。そんなとき、さっとレインウエアを着られれば、クール。反対に、使わないだろうとザックの底に入れていると、お弁当を出し、水筒を出し、防寒着を出し、着替えを出し……あれ？　どこに入れたっけ？　とガサガサ探しているうちに、髪も肩も背中もびっしょり。おまけにレインウエアを出すためにザックから出した荷物まで濡らしちゃって、トホホ……、なんてことになります。

日帰り登山では荷物が少なく軽いので、ザックの荷物の詰め方（パッキング）はそれほど気にする必要はありません。でも、山小屋泊まりのときは（テント泊の場合はもっと）、荷物の数・量が増えて重くなります。そうなるとパッキングは疲れにくさに関係してくるのでとても大切。

子どもをおんぶしたときのことを想像してみてください。子どもが背中にぴったりつい

よく使うorすぐ使うもの
・ヘッドランプ ・手袋
・サングラス ・携帯電話 など
すぐに使うもの
・レインウェア
・行動食 など
重いもの
・水
・お昼のおにぎり
など…
軽いもの
防寒着など
あまり使わないもの
・着替えなど

ていて、高い位置で背負うと軽く感じますよね。でも、逆に子どもが体を反らせたり、ずるずると下がってきたりするとたんに重く感じます。

ザックも同じで、重いものが背中に近く、上側にあると軽く感じます。お弁当のサンドイッチがつぶれちゃうのはイヤだし、何となく重いものは下のほうに入れがち。でも、**荷物を軽く感じるようにするには、重いものは背中側の上に入れるといいんです**よ。

また、レインウエア以外にも緊急的に使うものや出し入れの多いもの（ヘッドランプや手袋、サングラス、携帯電話などの小物や、行動食、ザックカバー、スパッツなど）は取り出しやすい上部や雨ぶたへ。

山言葉　**コッヘル**　柄がしまえたり、重ねられたりするなど、持ち運びに便利なように、工夫された屋外用の鍋や食器。クッカーともいう。軽くて丈夫なチタン製は、アルミ製に比べて高価。

雨具

晴れだからレインウエアを置いていったら、突然雨が……

ずいぶんと軽くなって、しかもコンパクトになったとはいえ、それなりの重さも大きさもあるレインウエア。いつもザックに入れているけれど、天気が予測しやすい日帰り登山では、雨の日に出かけることはあまりないので、その出番もほとんどないかもしれません。**それでもレインウエアは、やはり欠かせないもののひとつなのです。**

塔《とう》ノ岳という丹沢《たんざわ》（神奈川県）の山へ出かけたときのこと。車で登山口まで行き、空を見上げると快晴。天気予報もよかったし、雨が降りそうな気配はまったくなし。少しでも荷物を軽くしたいという気持ちから、「この天気なら、雨具はいらないだろう」と、ザックに入れていたにもかかわらず、わざわざレインウエアを出して車に置いていきました。

ところが、山頂から下りはじめたころ、急に天気が崩れてきて、途中からポツポツ降りはじめました。「うそでしょー!!」と雨を降らす空や、天気予報のお姉さんに向かって恨みごとを言ってもどうにもなりません。レインウエアはいつも持つものだと知っていながら、それを守らなかった自分を呪うしかないのです。そのときは幸い、どしゃ降りにはならず、服は濡れて寒い思いはしたものの、車まで無事に戻ることができました。

でも、これがもしもっと高い山で、びっしょり濡れていたら、たとえ夏でも低体温症で死に至るということも十分に考えられるのです。そこまでいかなくても、車でなかったら、濡れたままの服でバスや電車に乗り、カゼをひいていたかもしれません。

レインウエアは雨のときだけでなく、防寒着としても使えるので、やはりいつも必ず持つように……改めて心に刻んだそのときの教訓です。

山言葉　**ザイル**　岩登りや沢登りで使う登山用ロープのこと。登山道の急斜面に鎖代わりにザイルが取り付けられていることがあるが、古くなって退色している場合は切れる恐れがあるので、使用しないこと。

お弁当

お弁当におにぎりを持っていったら、ボソボソで食べられなかった

冬の山へ行ったときのこと。その友人とははじめての山だったので、ちょっといいところを見せようと、私が友人の分もお弁当をつくることに。主食はおにぎりにしたのですが、それが失敗だったんですね。その日はとても寒くて、ザックに入れていたおにぎりも冷えきってしまったんです。冷蔵庫に入れた余りご飯のようにボソボソで固くて、味はしないし、温かいお茶で何とか流しこみました。友人は文句を言わずに食べてくれたけど、山での食事は楽しみのひとつだけに、何とも気まずい経験になりました。それ以来、**寒い時期のお弁当はサンドイッチなど、パンを中心にしています**。ご飯でないと力が出ないという人は、保温パックに入れるなどの冷えない工夫をするとよいかもしれません。

さて、山に持っていくお弁当はどのようなものがよいか考えてみましょう。**日帰りの登山では、普段会社に持っていくようなお弁当、自分の好きなものという感覚でよい**です。でも、地面に座って食べることも多いので、容器の数を少なくし、食べやすくしましょう。1泊以上の登山では、食後に容器がじゃまになるので、弁当箱ではなく、ラップやアルミホイルで包めるメニューに。**暑い時期には傷み具合いにも注意を払ってください。**

Column

山でクッキング

山歩きに慣れて、ひと通りの道具が揃ったら、次に買いたくなるのがガスストーブ（バーナー）。ガスヘッドとカートリッジに手軽なクッカー（コッヘル→P79）があれば、山のなかでコーヒーをいれたり、簡単な調理もできます。

寒い時期には温かいものを口に入れると思いのほか落ち着きます。それに、きれいな景色を見ながら、外で料理をするのは気持ちがいいですよ。道具や材料を持っていく手間はあれど、いろいろ工夫してメニューを考えるのも楽しいもの。

料理好きの女子にはより充実した山歩きになること間違いなし！

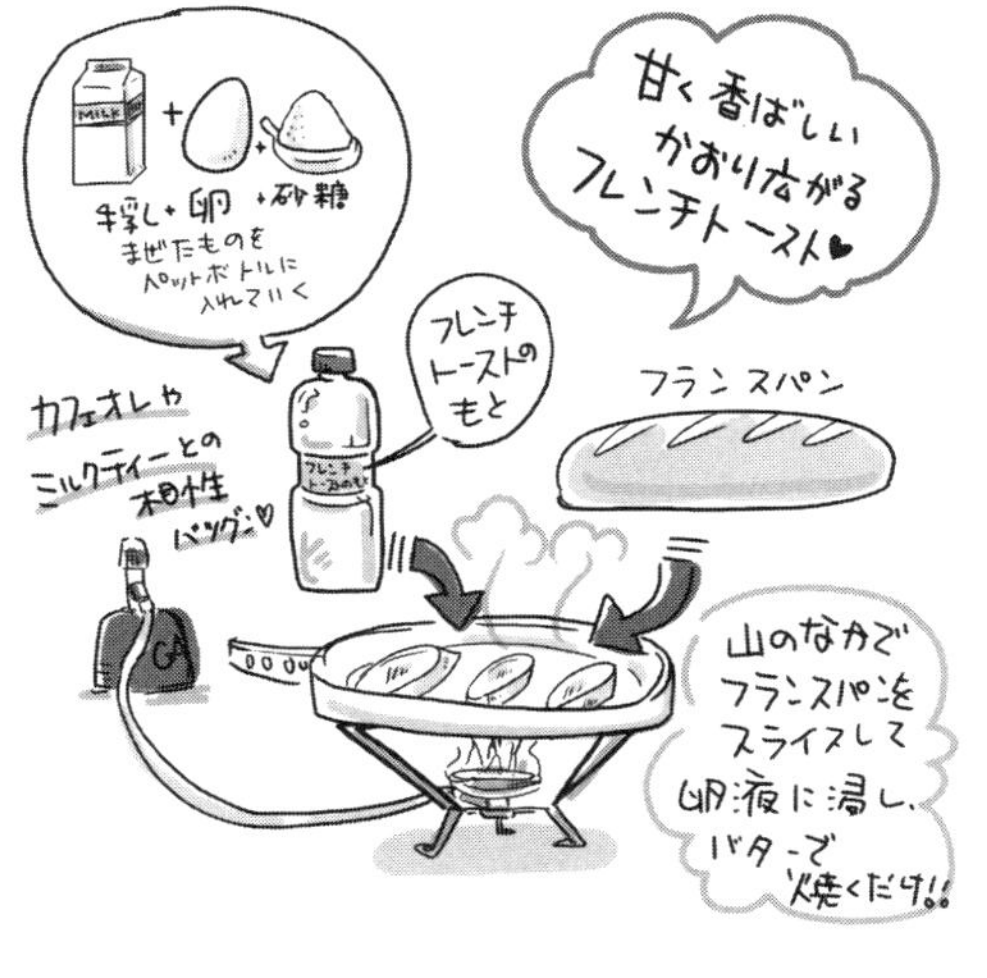
MILK
牛乳＋卵＋砂糖
まぜたものをペットボトルに入れていく
甘く香ばしいかおりながるフレンチトースト♥
フレンチトーストのもと
フランスパン
カフェオレやミルクティーとの相性バツグン♥
山のなかでフランスパンをスライスして卵液に浸し、バターで焼くだけ!!

山言葉　**三角点（さんかくてん）**　測量のために使われる基準点で、四角い石柱が埋められている。これをもとに標高や距離などを測定し、地形図がつくられる。山頂に一等三角点がある山は展望がよいことが多い。

行動食

お弁当と水のほかに、飲食物で持っていったほうがいいのは？

普段はダイエットのためにガマンしているチョコレートやクッキーなどを、カロリーを気にせず食べられるのも山登りのうれしいところ。山での休憩の際に食べるものを行動食といいます（行動食とはいっても歩きながら食べるのではありません）。でも、これはただのおやつというだけではなく、**エネルギー補給という大事な意味もあるんです**よ。それに、天候の悪化で予定の日に下山できなかったときや、万一、道に迷って家に帰れないというときのための**非常食にもなります**。

なので、山で食べる分のほかに、非常用に少し（日帰りのときで1食分程度）余分に持っていきましょう。私は行動食を買う目安として、**食べ飽きないように味や食感の違うもの、あえて高カロリーで栄養のあるものを選びます**。たとえば、チョコチップ入りのクッキー、キャンデー、ドライフルーツ、塩味のナッツ、ゼリー飲料といった組み合わせのように（ドライフルーツやナッツは日持ちがし、糖質やビタミン類が多く含まれているので

行動食選びのポイント
・エネルギーに変わる糖質を多く含むものがよい（クッキー、ドライフルーツなど）。
・バナナや菓子パンは消化しやすいのでＧｏｏｄ！
・１泊以上するときは、日持ちのよいものを。
ウィラー inゼリー
SoyBoy!!
カロリースティック

行動食に適している。食物繊維が多いので便秘対策にもなる)。

山では降雨時はもちろん、地面がぬかっていて座れないときなどは、立ったままでエネルギー補給をしなければなりません。そんなとき、お弁当を広げてお箸で食べるのは難しいですよね。固形タイプのサプリメント食品やゼリー飲料などを持っていると、立ったままで食べられて、エネルギーと栄養をとれます。

賞味期限が長いからと安心して非常食をザックに入れっぱなしだと、肝心なときに期限切れなんてことにもなりかねません。**非常食の期限はこまめにチェックして入れ替えましょう。**

山言葉　**山座同定（さんざどうてい）**　見えている山がどの山なのか、名前を確認すること。地図を見て山を探すと、地図読みの練習になる。はじめは山頂などにある展望図と実際の展望を見比べて、山の名前を覚えると楽しい。

水の適量

5 何はなくとも水って大事。でも、水って重い。飲料の適量は？

山で飲み水がなくなるのは、食べ物がなくなる以上につらいものです。私も何度か水を飲みつくしてしまい、「喉がかわく」を通りこして、口のなかまでからからになるぐらいつらい思いをしたことがあります。夏は特に汗を多くかき、脱水が熱中症や高山病にもつながるので、注意が必要です。

水を持つ量は、人によって必要とする量が違いますし、その日の体調、気候やコースの長さ、傾斜によっても変わるので、これだけ持てば安心、ということはありません。私はとにかく汗をかくので、同じぐらいの年の女の子と比べて、必要とする水の量も多め。夏は一日に2リットル、真冬でも1リットルは持つようにし、急坂が多かったり、荷物が重いときは、いつもより汗をかき、喉もかわくので、さらに多く持つようにしています。

スポーツドリンクなど電解質を含む飲み物は、真水よりも早く体に吸収されるのでよいといわれていますよね。私も水と半々ぐらいの量でスポーツドリンクを持つようにしてい

水は小分けで持ちましょう

理由1 たとえば水を2リットル持つ場合は1リットルを2本（または500ミリリットルで4本）など小分けにする。ザックに入れたとき、片側だけ重くなるなどバランスが悪くならないように。

理由2 2リットルボトルは重くて飲みづらい。

理由3 1本しか持っていないと、ボトルやパックに穴が開くとすべてを失うことになる。

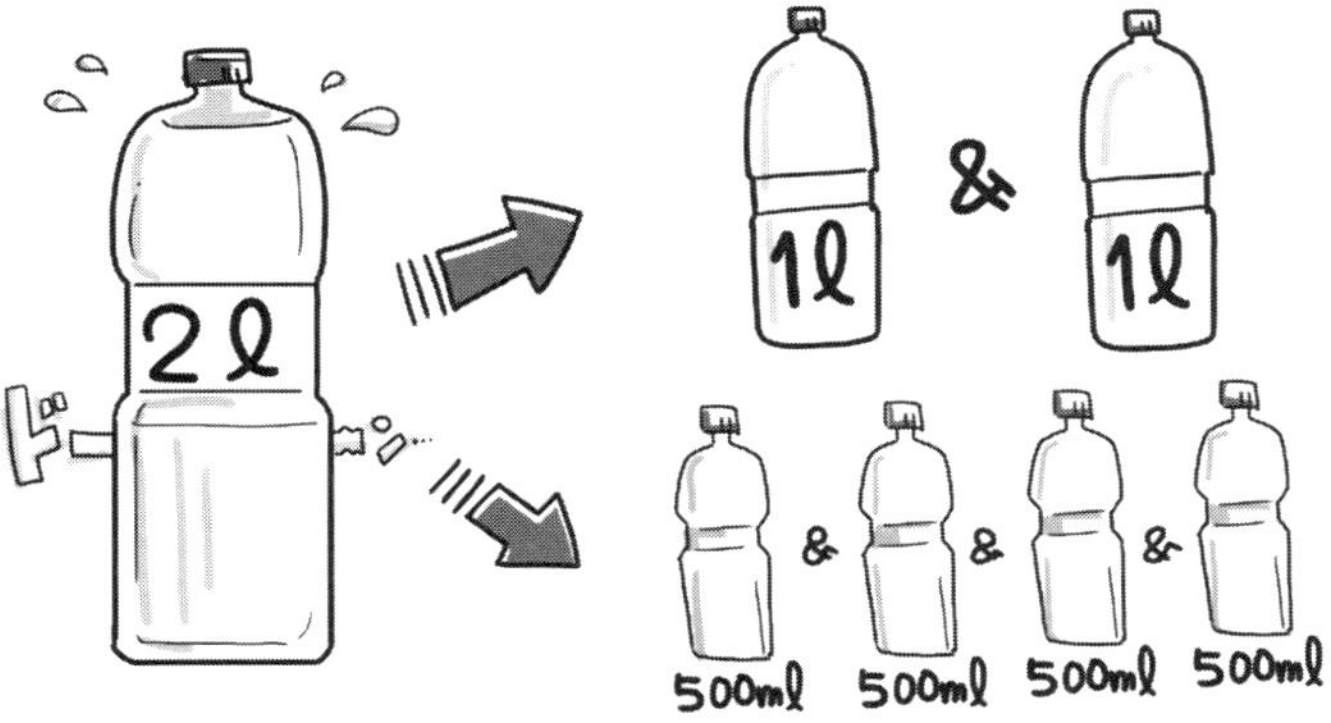

ます。水やお茶で水分をとるときは、せんべいやナッツなど、塩味の行動食を食べて、汗といっしょに失われた塩分も補給するようにしましょう。

また、飲み物をスポーツドリンクやお茶にするときでも、**予備として500ミリリットルほどはミネラルウオーターを持っているといいです**よ。食事の前に指先や食器をすすいだり、転んですりむいたときなども清潔な水で汚れを洗い流すことができるなど、飲む以外の用途にも役立ちます。

山言葉　**三段紅葉（さんだんこうよう）**　秋、山の中腹が紅葉し、山頂部に新雪が積もって、山の上部から雪の白、紅葉、山麓の緑の３色に染め分けられること。空の青、雪、紅葉の３色を指すこともある。

6 水濡れ対策

雨に降られて着替えようとしたら、着替えも濡れてた

日帰りの登山では下山後温泉に入るとき以外、着替えは必要ありませんが、山小屋で1泊以上するときは、着替えをひと組持つのが基本です。強い雨が降ったときはレインウエアを着ていても、なかに着ている服が濡れることがあります。濡れた服を着ていると、どんどん体温が奪われて寒くなるので、山小屋に着いたらすぐに新しい服に着替えるようにします。そのようなとき、あてにしていた着替えまで濡れていたら、せっかく持ってきたのに、まったく意味がありませんよね。**着替えは絶対に濡らしてはいけないもののひとつなのです。**

私は濡らしたくないものを**防水加工されたスタッフバッグに入れる**ようにしています（登山用品店で買えます）。それがなければ、大きめのジッパー付き食品保存袋に入れてもいいです。スーパーのレジ袋のような素材のビニール袋は、ガサガサと大きな音がして周りの人の迷惑になるので、できれば避けたいし、山小屋で扱うときには配慮が必要。

絶対にぬらしてはいけないものは
コレ
です!!
携帯電話とライターの袋にはヘッドランプも入れて、緊急用パックとしています
ティッシュや生理用品
着替え
※雨の日は 防寒着の ダウンジャケットも
ビニール袋に入れておくと 安心!!

さらに、はじめからザックの内側に45リットル程度の大きなゴミ袋をすっぽり入れて、そのなかに荷物を詰めれば、さらに防水効果を高められます。

ここでスタッフバッグを買うときのためにちょっとアドバイス。以前、大小のスタッフバッグをすべて黒で揃えたことがありますが、これはおすすめできません。ザックのなかに似たような袋がいくつも入っていると、どれに何が入っているか区別しづらいからです。それに暗い色はうす暗い場所で荷物をまとめるときに目立たないので、袋ごと置き忘れることもあります。**なるべく明るい色を選んで正解！　着替えは黄色、小物は水色と色分けすれば、ひと目で区別できます。**

山言葉　**しゃりバテ**　おなかがペコペコになって、エネルギー不足で動けなくなること。しゃり→ご飯から。しゃりバテにならないよう、山ではおなかが空く前に食べましょう。

詰め過ぎ注意

あれもこれも持っていこうとして、ザックがパンパンになっちゃった

荷物が重いとその分体力を消耗するので、なるべく軽くしたほうが疲れが少なく歩くことができます。頭ではわかっていても、寒かったらどうしよう、おなかが減ったら？　などの不安が重なって、どんどん荷物が増えちゃうんですよね。準備をしているとき、何を持っていって、何を置いていくかということにいつも悩むものです。

そこで、なるべく荷物を減らし、コンパクトにする方法をいくつか紹介しましょう。まず、いちばん効果的なのは**持ち物にダブりがないか再確認すること**です。たとえばウインドブレーカー。これはレインウエアのジャケットで**代用できる**ので、持たないようにします。せっかく買ったレインウエアを雨のときだけ着るのでは、出番が少なくてもったいないですよね。フリースの上に着れば風をさえぎってくれるので、とても温かいです。

次にムダを省くこと。お菓子などは外箱から出し、フィルムに包まれた中身だけを持っていくようにするといいですよ。これで、**コンパクトになるだけでなく、持ち歩くゴミを**

減らせます。化粧品などは小さな容器に入れ替え、必要な分だけを。使いきりのパウチパックも便利です。ベテランのなかには、歯ブラシの柄を半分に切るなど、涙ぐましい努力をしている人もいます。

さらにもうひとつ、もともと**軽い素材のものを買うこと。**山の道具を買うとき、機能のほかに、重さもチェックしましょう。ザック、ヘッドランプ、靴、食器など、**似たような機能、デザインで迷ったときは、ぜひ重さの軽いほうを選んでください。**でも、軽いものはだいたい値も張るので、あとはお財布との相談になりますが……。

山言葉　**縦走（じゅうそう）**　山から山へ、尾根伝いにいくつもの山頂をつなげて歩くこと。一般的にひとつひとつの山に登るより、行程が長くなるので難易度が増す。

ありがちな忘れ物

登山口に着いたら、あっ！　登山靴を忘れた

　そんなことあるの？　と、笑うかもしれませんが、マイカー登山のときに起こりやすい失敗なんですよ。運転手は特に。登山靴では足首が固定されるので、別の靴を履いて運転します。そうすると肝心の登山靴を持つのを忘れてしまうんです。実際、家族で南アルプスの山へ行くときに、私の父もやりました。山の大ベテランでもコレです。高速道路に乗る前には思い出し、すぐに取りに戻れたので大事には至らなかったのですが、もし気づかずに登山口まで行っていたら、楽しみにしていた登山を中止にせざるを得ず、家族から非難の集中砲火を浴びていたでしょう。

　登山靴なら遅くても登山をはじめる前に気づくし、危険だと思ったら登山をやめればいいのですが、山の忘れ物は、ものによっては命にかかわることもあるので、要注意です。

　たとえば、**レインウエア**。持っていると思いこんでいて、いざ山のなかで雨が降りはじめたときにザックのなかになかったら……、雨に濡れて体が冷え、さらに風に吹かれれば、夏でも低体温症で動けなくなる可能性もあります。また、**地図**を忘れたら、道に迷って帰れなくなるという危険も。そういえば、山小屋で働いていたころ、「お**財布**を登山口の車に忘れてきて宿泊費が払えないんだけど」と、相談にきた人がいてびっくりしました。意外なようで、ありがちな忘れ物かもしれませんね。

上級者でも、うっかり**テントのポール**を忘れたとか、**ライター**を忘れてガスストーブが使えず、食事がつくれなかったという話を聞きます。慣れてきても注意を怠らないようにしましょう。**玄関を出る前に、必ず持ち物リストをもう一度チェックして忘れ物防止を。**

身につけるものは忘れやすし…

山言葉　**シュラフ**　寝袋（テントで寝るときに使う、袋状の寝具）のこと。スリーピングバッグともいう。中綿としてダウンや化繊が詰まっている。

生理日の登山

ああ、予定外。生理がきてしまった……

できれば当たりたくないけれど、自分ではコントロールできないのが生理。友だちといっしょに登る約束になっていると、自分の都合で予定を変更するのも難しいですよね。

生理には個人差があります。寝込むほどでなく日常生活が送れている人は、登山をしても問題はないと思います。でも2日目などでは、おなかの痛みは薬で抑えられるとしても、いつもよりだるかったり、貧血気味だったりしてつらいもの。同行者が女性ならひと言伝えて、ペースを落としてもらうなど協力してもらいましょう。でも、無理は禁物。もし、山のなかで**いつもより体調が悪くなったら、途中でもその時点で引き返しましょう**。

生理に当たってしまった、または当たりそうというときは、**生理用品だけでなくティッシュも多めに持つ**ようにしましょう。山小屋泊まりのときは、お風呂に入れないことが多いので、ウエットティッシュを使って、なるべく清潔に保つようにしたいですね。山のトイレにはゴミ箱がない場合もあるので、**ゴミ持ち帰り用のビニール袋も必要**です。

女子のワザ①
登山地図やガイドブックで、トイレの場所をあらかじめ確認しておく。
ガイドBook
女子のワザ②
生理用品はちょっと多め……が安心。いつもの自分の1日分＋2～3枚。
1日分
＋
女子のワザ③
トイレが少なそうなコースなら、タンポン＋ナプキンのダブル使用やナイト用を活用して。
めっちゃナイト
めっちゃナイト用
や
キャームタンポン
女子のワザ④
生理痛予防には冷えの防止が効果的。休憩中にカイロをおなかや腰に当てておくのも有効。
レッグウォーマー
カイロペタ
ハレルカイロ

また、生理の**予定日でなくても生理用品を持っておくと安心**です。環境が変わると、普段は周期が安定している人でもずれることがあるからです。私も山のなかで突然きてしまい、心底あせった経験があります。近くの山小屋には男の人しかいなくて、生理用品が常備されているはずもなく、やむなく数日の登山の予定を変更して、途中で下山することに。仲間に対しても迷惑をかけてしまいました。

また、生理のときには黒いパンツ（ズボン）を選ぶと、万が一のときも目立たないので安心です。

山言葉　**森林限界（しんりんげんかい）**　背の高い樹木が生育できなくなる限界標高のこと。森林限界は北に行くほど低くなり、本州中部の山では2400～2600ｍだが、東北の山は 1500ｍ前後、北海道では1000ｍぐらい。

スポット天気予報

現地の天気予報って、どうやって調べるの？

山へ行く前にすることのなかで、天気予報のチェックはもっとも大事なことのひとつ。たとえば、六甲《ろっこう》山なら神戸というように、登る予定の山がある地域の天気予報を数日前からチェックするようにしましょう。テレビの天気予報がもっとも手軽ですが、私があわせてよく利用するのはインターネットやスマートフォン・アプリの**ピンポイント天気予報**です。これは、市町村ごとのピンポイントエリアで調べられるだけでなく、サイトによっては1時間ごとの細かい天気予報をチェックできるので、とても役立ちます。**行程の長い山へ行くときは3~4日前から毎日チェックし、出かける直前にもう一度チェックするようにしています**。ただし、標高の高い山は、街が曇りでも山頂は雲の上で晴天だったり、逆に街より早く天気が崩れて雨が降ったりと、下とは天気が違うこともあるので、注意。

出先や山のなかでインターネットが使えない環境では、電話で天気予報を聞けることも覚えておきましょう。**知りたい地方の市外局番のあとに続けて177をプッシュ**すると、

その地方の気象庁発表の天気予報を聞くことができます。

天気予報は当日の直前に確認すればいいのでは？　と思う人もいるかもしれません。でも、雨の場合、急に予定を変更するのは大変だし、数日前に大雨が降ると、当日がよい天気でも登山道や登山口までの道路が雨の影響で通れないこともあるので、**前日だけでなく、数日前から天気をよく観察しておくことが大切**なのです。

また、山の上では、台風から遠くはなれていても、風が強くなる、天気が荒れるなどの影響が早く出ます。夏から秋は、**日本近海で台風が発生していないかもよく確認**しましょう。

山言葉　**スタンス**　足場（岩場などで足を置く場所）のこと。手がかり（手をかける場所）は「ホールド」という。

11

雨天決行？

予報は雨。中止にするべき？

日帰り登山で予定変更が可能なら、中止にしたほうがよいです。雨だとレインウエアのフードで視界がさえぎられる、岩が濡れたり、土の道がぬかって滑りやすくなる、川が増水する、霧で周りが見えず迷いやすくなるなど、天気のよいときに比べて危険度が増します。大雨や暴風注意報（警報はもちろん）が出ている場合は、迷わず中止するべき。そのようなときに山小屋にいる場合は、外に出ず、天気が回復するまで待ちます（停滞→P115）。場合によっては、もう1泊せざるを得ないこともあるので、**泊まりがけ登山の計画を立てるときには、予備日を設ける**ようにしましょう。翌日に大事な会議があるからといって、大雨のなか無理に行動し、事故を起こすということのないように。

初心者は、梅雨時、とくに集中豪雨が起こりやすく危険な梅雨末期は出かけないほうが無難。山に行きづらいこの時期を利用してアウトドアショップめぐりをしたり、山岳小説を読んで、家にいながら山の世界に浸るのも楽しいもの。梅雨の間待てないという人は、

晴れ間をねらってアジサイのきれいな麻綿原《まめんばら》高原（千葉県）やスズランの群落がある入笠《にゅうがさ》山（長野県）など行程の短い山を楽しむとよいでしょう。

　小雨や霧雨程度で、天気がすぐに回復するようなら登れなくはありません。雨上がりには、木々の葉っぱに溜まった水滴がきらきら光ったり、霧の晴れた瞬間、山の向こうにかかる虹を見たりと、晴れた日とはまた違う感動的な景色に出合えることも。

　ただ、経験の浅い人同士やはじめての人を連れていくときは、天気のよい、日帰り登山を経験してほしいと思います。最初の一歩がすてきな思い出になるように。

山言葉

素泊まり（すどまり）　山小屋などに食事なし（夕食・朝食を各自で用意）で、泊まるスペースだけを提供してもらうこと。当然、食事付きに比べ宿泊費は安い。山小屋によって寝具付き、寝具なしを選べるところもある。

Column

観天望気

天気予報がなかった昔、人々は空や動植物の変化を観察して天気を予想し、農業・漁業など日々の生活に役立ててきました。これを観天望気と言い、その経験的知識は「天気ことわざ」となって今に伝わっています。ここではそのなかから山で役立ちそうなものをいくつか紹介。天気予報で確認すると同時に、自分でも常に空をよく観察して、天気の変化を見逃さないようにしましょう。

①

朝暖かいと雨

朝の気温がいつもより暖かいときは、南から湿った暖かい風が吹いていることが多く、天気が崩れる予兆。

②

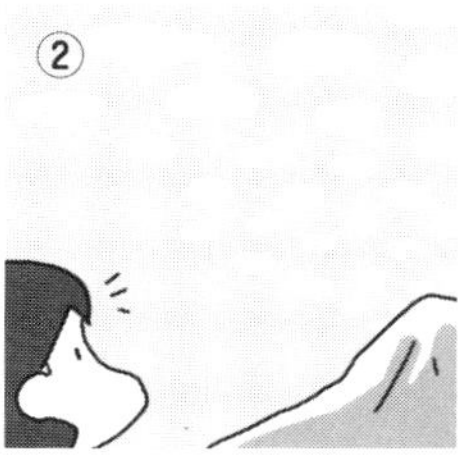

うろこ雲は雨

うろこ雲、さば雲、いわし雲は巻積雲の俗称。このような細かい雲は低気圧が近づいて、大気が不安定になってきているときにできやすい。

③

遠くの山が青く見えると晴れ

山が青く、くっきり見えるのは空気中の水分が少ないからで、雨になりにくい。逆に山が白っぽく見えるときは、水分が多く、雨になりやすい。

④

山に笠雲がかかると雨

低気圧や前線が近づいているときに出やすく、天気が崩れることが多い。

⑤

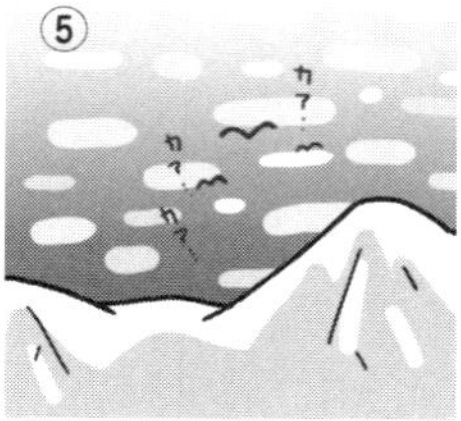

夕焼けは晴れ

きれいな夕焼けが見られるときは、西側に雲がないことを表しているので、翌日は晴れになることが多い。

Chapter 4
失敗しない登り方

詳しくはページをめくって!

準備運動

登山口でストレッチ、やるものなの？

登山の前にはストレッチをするのが**ケガの防止や疲れをためないために有効**。筋肉をほぐして、体を柔軟にしておきましょう。ストレッチは、登りはじめる前にやるのがいいという人と、少し動いて体が温かくなってからがいいという人と二通りあります。私は**登山前にやる派**。登山口近くにはたいてい駐車場があって広いので、ストレッチをするにはもってこい。歩きはじめてからだと、どこでやろうかなと場所を探しているうちに面倒くさくなって、結局やらないことになってしまいがちです。

ストレッチは、準備運動というよりは筋肉をほぐすことが目的。登山のときに使う筋肉や部位を意識して伸ばしましょう。ただ、冬の寒い時期は、体が冷えて硬くなっているので、**力任せにいきなり伸ばすと、筋肉を痛めることがある**ので注意。**息を少しずつ吐きながら、ゆっくり伸ばし、イタ気持ちいいところでとめるのがコツ**。

下山後も筋肉のはっているところを伸ばしておくと、疲労回復が早いですよ。

わき腹
伸ばし
二の腕
伸ばし
ふくらはぎと
アキレス腱
伸ばし
脚のうしろと
背中伸ばし
肩入れ
脚の内側伸ばし
手首・足首回し
肩・腕
伸ばし
脚の前側
伸ばし

山言葉　**雪渓（せっけい）**　谷筋や窪地に溶けずに残った雪のこと。標高の高い山では、夏でも雪渓歩き（残雪の上を歩くこと）を楽しめる。一年中、溶けない雪を万年雪という。

2

あいさつ

山であいさつ、しなきゃいけないのかな？

山がはじめての友人と登ると、「山では知らない人にもあいさつをするの？」とおどろかれることがあります。そう、山ではすれ違うときや、前の人を抜かすときに、知らない人でもお互い「こんにちは」と声をかけるんです。家の近所でさえもあいさつの習慣がなくなってきている今、「なんか、新鮮〜」とうれしそうに言った友だちのことばが心に残っています。あいさつは、自然が好きな人同士、気持ちがつながっているような気がして、**すてきな習慣**だと思いませんか？　たまに目も合わせず、だまってすれ違う人もいるのですが、ひっそりとしたところでは、ちょっとこわい……。お互いにあいさつをすることによって、**相手を安心させる効果もあるのかもしれません**。

それに、あいさつがきっかけとなって、**有益な情報を得られることもある**んですよ。「今日は山頂からきれいな富士山が見えているよ。がんばって」とか、「この先、道がぬかっていたから気をつけてね」とか。教えてくれるのは、だいたい年配のおじちゃん、おばちゃん。**年代を超えて、交流できる**のも山登りのいいところです。

でも、夏の上高地、紅葉の高尾山など、人が多いところでは、いちいちあいさつをするのは大変。あいさつされたら返事をするとか、**会釈をする程度でもいい**でしょう。

以前、筑波山に登ったとき、ちょうど秋の遠足シーズンで、小学生や幼稚園児が大勢で山に来ていました。山頂の手前でその長い行列とすれ違ったのですが、きっと出発前に先生から、山で人に会ったら元気にあいさつしましょうと教わったんでしょう。ひとりひとりが「こんにちは」と大きな声であいさつしてくれるんです。もちろん私もひとりひとりに笑顔であいさつを返しました。その大行列が通り過ぎるまでに100回ぐらい……。

気持ちよいあいさつ
こんにちは
こんにちは!!
声を出すのって
あいさつって
気ん持ちいいっ!!
こんにちはー
こんにちはっ
こんにちは
こんにちは
こんにちは
いつまでつづくの…
こんなときは会釈でもOK!!

山言葉　**双耳峰（そうじほう）**　ひとつの山の山頂が２つのピークに分かれている山のこと。筑波山（茨城県）、鹿島槍ヶ岳（富山県・長野県）、由布岳（大分県）など全国にたくさんある。

3 ゴミ袋持参
ゴミはやっぱり持ち帰りよね？

お弁当の包み紙、お菓子のパッケージ、飲み水のペットボトル……。1日の山登りでもゴミはけっこう出るものです。家ならすぐにゴミ箱へ捨てられるけれど、山にはゴミ箱はありませんから、すべて家まで持って帰ります。当たり前のこととして、持ち物リストに書かれることは少ないけれど、**ゴミ袋を持つことも忘れないように**しましょう。

山小屋では、そこで買ったもの、たとえばジュースの空き缶やペットボトルを引き取るためのゴミ箱が置かれていることがありますが、自分で持ってきたゴミをそこへ捨てるのはもちろんマナー違反。車が入ることができないところにある山小屋ではゴミは人が背負ったり、ヘリで下ろしているのです。街以上に処理が大変だということを理解して、ゴミの持ち帰りに協力しましょう。また、90ページでも紹介したように、お菓子の外箱ははじめから取ってくるなど、山で出るゴミを減らす工夫をするといいですよ。

故意に捨てる人はいないでしょうが、ポケットに入れていたキャンデーの袋が知らない

うちに落ちてしまったり、昼食中、ちょっと置いたサンドイッチの包装紙が風で飛ばされるということもよくあるので注意。もし、登山道に落ちているのを見かけたら、**拾って帰るぐらいの心の余裕**を持ちたいですよね。

また、**燃やせるゴミ用と燃やさないゴミ用の2枚の袋を用意して、はじめから分けておくと、家に帰ってからの処分がラク**です。ザックのうしろにゴミ袋を結んで、ぶら下げている人をたまに見かけますが、落としてしまったり、木の枝に引っかかったりすることがあるので、やめましょう。だいいち、ゴミ袋を人に見せるなんて、女の子としてはちょっとかっこわるいです。

山言葉　**ダイヤモンド富士**　富士山の山頂から朝日が昇ったり、山頂に夕日が沈む現象。朝日は竜ヶ岳（山梨県・正月前後）、夕日は高尾山（東京都・冬至前後）が有名。

環境保護

自然へのローインパクトって、何？

山を楽しむうえで、常に意識したいのが自然保護。最近は滅多にないですが、それでもまれに貴重な植物の花が摘まれていたり、盗掘された跡を見ることがあります。採取規制の有無にかかわらず、貴重な自然を守るため、**動植物は傷つけないように**しましょう。

今、いくつかの山ではオーバーユースが問題になっています。人気の山に登山者が集中しすぎ、多くの人が歩くことによって、踏みつけで植物がなくなってしまったり、道が何本もでき、ひどいところでは斜面が崩れるといった被害が出ているところも。このように、まったく悪気はなくても、自然にダメージを与えてしまっていることもあります。

歩くときは登山道からはみださないように気をつけて。休憩するときも、荷物や腰をおろす前に、**植物を傷めていないか心配りを**したいですね。あと、まだ意外と広まっていないことをひとつ。人気のダブルストック（ストックを両手に持って歩くスタイル）ですが、ストック先端のゴムキャップが取れたまま気づかずに使っている人を多く見かけます。金属の尖った先端は、固い雪面などで使うもの。これで地面を突くと、土が掘れてしまい、そのあとに雨が降る、ということを繰り返すと、土砂が流れ、**登山道の崩壊につながります**。ゴムキャップは登山用品店で買えるので、落としたり、なくしたりしたときは、すぐに買ってつけましょう。

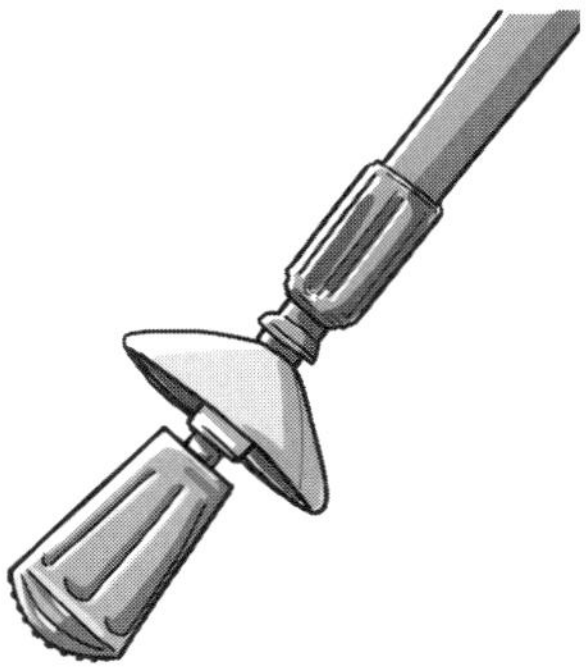

Column

犬連れはマナー違反？

登山者のなかでも大きく意見が分かれるのが、山に犬を連れていってもいいかどうか。賛成派の意見は、「迷惑をかけなければ愛犬といっしょに山登りを楽しんでもいいでしょ」。一方、反対派は、野生生物への悪影響やほかの登山者への迷惑を主張。

尾瀬など国立公園内でもペット禁止の法律はないのですが、自粛を求めています。そのような山ではルールに従いましょう。里山でも、愛犬を連れていくときはリードをつける、糞尿の始末をきちんとするなどのマナーを守りましょう。

山言葉　**池塘（ちとう）**　湿地のなかにある小さな池。雨竜沼湿原（北海道）、八甲田山（青森県）、尾瀬（群馬県・福島県・新潟県）、苗場山（新潟県・長野県）など、高層湿原が広がる場所で見ることができる。

5

譲り合い

「登りが優先」なんてルールがあるの、知らなかった

狭い道で逆方向から人が来たとき、どうすればいいでしょうか？ **基本は登る人が優先**です。下る人は早めに安全な場所を見つけて、道を譲るようにしましょう。これは、下りのほうが道の状況がよく見え、お互いの存在に早く気づくし、急坂を登る人への心配りでもあります。でも、**実際はケース・バイ・ケース**。車のすれ違いとまさに同じよう。慣れている人のほうが気を配るなど、**その場の状況に応じて臨機応変に譲り合って**います。

急坂では下りの人が道を譲っても、登りの人は息が切れていてそこまで登るのがつらいので、「お先にどうぞ」と言われることがよくあります。そのようなときは「ありがとう」「お先に」などと声をかけて、行かせてもらうようにしましょう。また、「どうぞ」と言われると、何となく相手を待たせてはいけないような気がして、急いでしまいますよね。でも、**慌ててバランスを崩したり、滑ったりしないように**。急がなくても、すれ違うまで待っていてくれます。

片側が崖になっているところでは、**登りでも下りでも山の斜面側に寄って通過を待ちます**。すれ違うときは、体はもちろん、ザックなどの荷物がぶつからないように気をつけて、ゆっくり通るようにしましょう。また、善意で道を譲っても、端に寄ったばかりに、貴重な高山植物を踏みつけるようではNG。そんなときは、少し手前の広めの場所まで戻って待ちます。

前の人を追い抜くときも同じ。狭い道で無理矢理抜かされたら、誰でも気分は悪いもの。無理なく追い抜かせるところに出るか、先の人が譲ってくれるまではスピードを落としてうしろを歩くようにしましょう。

山言葉　**九十九折り（つづらおり）**　急斜面を登りやすいよう、ジグザグにつけられた道のこと。傾斜をまっすぐ登ることは「直登」といい、ジグザグに登るよりきつい。

タイム劣等感

コースタイム通りに歩けない！　私って、登山に向いてないの!?

ガイドブックや登山地図に書かれている**コースタイムは、行動時間の目安になるので、登山者にとって重要な情報**。でも、ガイドブックのコースタイムがそのまま自分の歩く速さだと思うと時間を読み間違えて、失敗することに。

まず、**コースタイムはあくまで目安**であると考えましょう。歩く速さは人によって違います。同じ道・同じ距離を1時間で歩ける人もいれば、1時間30分かかる人もいます。疲れないためには息が切れない速さでゆっくりと歩くのがコツ。その速さはそれぞれ違って当然です。**コースタイムの時間に合わせて歩く必要はない**し、**コースタイム通りに歩けなかったからといって、自分は山登りに向いていないのではないかと、落ち込まない**で。それに、その日の体調や荷物の重さによっても歩く速さは変わるものなのです。

私の場合、登りがとっても苦手で、さらに途中で景色のいい場所を見つけたり、かわいい花を見たりするたびに写真を撮るので、コースタイムの1・5倍ぐらいかかることもし

山登りも、ウサギよりカメが正解

ウサギ登りはキツくてつらいだけ。

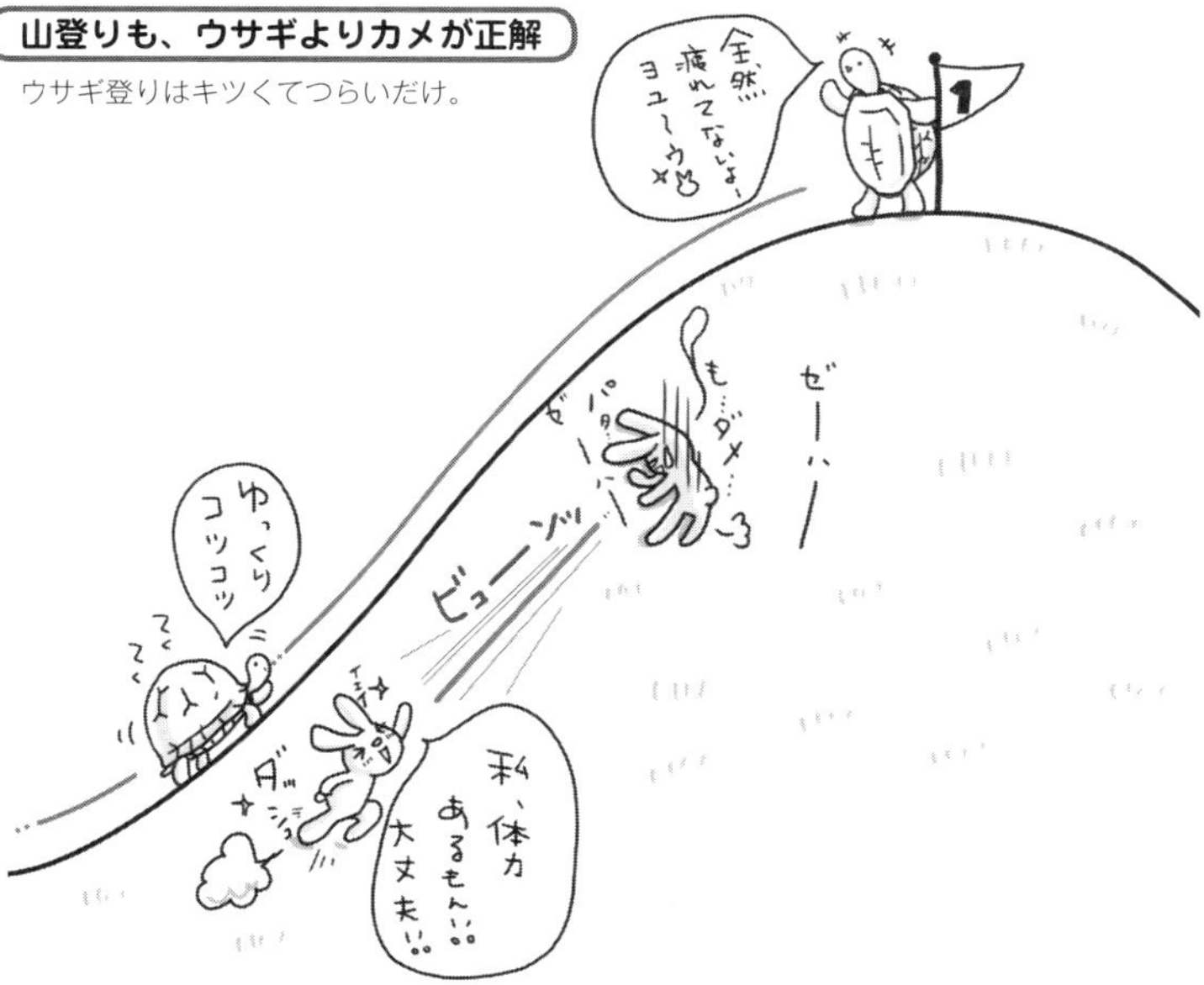

ばしば（でも、下りはコースタイムより速めに歩けるので、だいたいプラスマイナス0になる）。

山へ2～3回行くうちに、**自分はコースタイムに対して速く歩けるのか、もっと時間が必要なのかがわかるようになる**ので、計画を立てるときにあらかじめ行動時間を増減しておきます。また、適度に休憩を入れるのを忘れずに。50分～1時間歩いたら、10分程度休むのが目安ですが、歩くペースだけでなく、休憩ペースも個々にフィットした計画にしましょう。

山言葉　**出合い（であい）**　ガイドブックによく出てくる言葉で、2本の沢や川が合流する地点のこと。また、尾根や登山道が合わさるところにも使う。「この道を進むと林道に出合う」のようにも言う。

水分摂取

水を飲むのをガマンしていたら、足がつった

女の子にありがちなのが、トイレに行く回数を減らそうとして、水分をとるのを控えるということ。トイレのない場所で行きたくなっちゃったらと思うと、たくさん飲むのはちょっと抵抗がありますよね。でも、水分が不足すると疲れやすくなったり、足がつるだけでなく、熱中症や高山病の原因にも。そこで私がスポーツ医学に詳しい山友だちに聞いてから実践していることをお教えしましょう。それは**前日の夜から少しずつ水分を普段より多めにとっておくこと**。人の体は一度に水を吸収できないので、あらかじめ補給しておくとよいのだそうです。たしかに、そうするとはじめの2〜3時間で飲む水の量が減るし、体の動きも軽く感じます。また、いくら水を飲んでも、どんどん汗となって体の外に出てしまうので、トイレが近くなるということもありません。

登山中も休憩するたびに意識して水分を補給するようにしましょう。歩きながらでもチューブから水が飲めるハイドレーションシステム（↓P31）を利用するのも便利ですよ。

Column

山の水って飲んでもいいの？

北アルプスの常念《じょうねん》岳へ行ったときのこと、一ノ沢コースの水場で水を飲んでいたら、アルプスははじめてという友だちに「そんなに飲んで、きたなくないの？」とおどろかれたことがあります。夏、体がほてったときに、飲む山の冷たい沢水ほどおいしいものはありません。でも、水が飲めるかどうかは、山によって、そして沢によって違い、その判断は難しいものです。登山用の地図を見ると水場マークというのがあって、飲める水が得られる場所を知ることができます。

また、どんなにきれいな水に見えても、上流にゴルフ場などの観光施設、民家や山小屋がある沢の水は飲んではいけません。また、北海道などではエキノコックス（犬やキツネが媒介する寄生虫）で水が汚染されていることもあります。人への感染率は低いものの、沢水を飲む場面では、一度沸騰させてください。

山言葉　**停滞（ていたい）**　悪天候で行動できず、山小屋やテントで天気が回復するまで待つこと。何もしないで一日を過ごすなんて、下界ではなかなかできないので、かえって貴重な時間だったりもする。

トイレに注意

山小屋のボットントイレに、ヘッドランプを落としちゃった！

登山者が増えるのにつれて、山のトイレ数も増えました。山小屋で使わせてもらえるほか、登山口やコース途中に公衆トイレがある山も少なくありません。でも、街のトイレと違って、**トイレットペーパーがなかったり、ボットントイレ**（穴が開いていて、汚物が直接下に溜まるようになっている）**だったりすることもある**ので、そういうものだと知らないと、おどろく人がいるかも。でも、最近はバイオトイレ（微生物分解）や、水洗トイレ（タンクに溜めてヘリで下ろす）など、環境にも配慮し、清潔なトイレが多くなっています。山小屋やそのほか公衆トイレは維持管理に多額の費用がかかるので、その多くはチップ制（ほとんどが１００円程度。富士山山頂は３００円程度）になっています。**トイレを使わせてもらうときには、あらかじめ小銭を用意**し、費用負担に協力しましょう。

私が学生時代に山小屋でアルバイトをしていたときのこと、秋の恒例行事にトイレの大掃除がありました。その仕事は男子従業員の役目なので、私たち女子は「お疲れさま」の

Wの悲劇
おさいふ
落としたら大変だ
口にくわえとこっと
あースッキリした
よっと
ポロ…
あっ…っ
うそっ!?
あながち、なくもない

気持ちをこめて、夕食にカレーを用意したものです。それは冗談ですが、男子従業員に聞いた話では、お財布、携帯電話、ヘッドランプ、ポーチ、時計など、ひとシーズンを終えたあとのトイレにはいろいろなものが落ちているそうです。ズボンのポケットに、ものを入れておくと、下ろしたときにポトリ……と落ちてしまうのでしょうね。アー！　と叫んでも遅い。ボットントイレでは、**一度落としたものは返ってきません**。ヘッドランプや時計はまだしも、お財布や携帯電話を落としてしまったらたいへん！　下の見えないトイレではくれぐれもお気をつけください。

山言葉　**デブリ**　雪崩（なだれ）のあとの堆積物。雪の固まりだけでなく、大きな岩や土砂、大木などが混ざっていることもある。

やむをえないとき

急にトイレに行きたくなっちゃった

見晴らしのいい岩の尾根上を歩いているとき、トイレに行きたくなっちゃうと本当に困るんですよね。行けども、行けども隠れる場所がないですから……。冷や汗をかきながら、「ああ、男の人だったらよかったのに」と思ったことも何度かあります。そんなことにならないよう、**面倒でも、行けるところで済ませて**おきましょう。

環境のことを考えて、トイレ以外の場所でするのは避けたいですが、そうはいってもがまんできないことだってあります。そんなときは登山道から少しはずれた、人目につかないところで済ませます。いくら急いでいても、急斜面で足を踏み外すといったことのないよう、安全には気をつけて。また、**水を汚染するのを避けるため、沢沿いではしないようにします**。

大きいほうをしたくなったときは、トイレ用のシャベル（なければ木の枝や小石で代用）で穴を掘ってそこにし、済んだあとはまた埋めておくようにします。いずれの場合も、**ティッシュは必ず持ち帰ります。**ティッシュは自然に分解されにくいので、山を汚す元になってしまうからです。ティッシュ持ち帰りのために、不透明でできるだけ密閉できるビニール袋を用意しておくといいでしょう。

また、北海道の利尻《りしり》山、大雪《たいせつ》山、幌尻《ぽろしり》岳、東北の早池峰《はやちね》山などでは自然保護のため、携帯トイレの利用が進んでいます。これらの山では、登山口や周辺の宿泊施設であらかじめ携帯トイレ（数百円）を買い、山中のトイレブースで使用。そのあとは持ち帰り、麓の回収ボックスへ入れる仕組みになっています。

それは隠語です
"キジ撃ち"行ってきまーす
えーっ キジがいるので？見たいー♡
ちがうってば
"きじ撃ち"っていうのはー
お外で用を足す、山の隠語なの
ちなみに…
"お花摘みに行ってきます"
も、同じ意味
えー！お花摘んじゃダメよー
こんな初歩的なボケをしないように…

山言葉　**登攀（とうはん）**　山や岩壁をよじ登ること。「谷川岳一ノ倉沢の登攀に成功する」のように使い、ハイキングで登れる山、一般登山は登攀とはいわない。

メイク

気合い入れてバッチリメイクしたら、汗で流れてお化けになっちゃった

キツイ登りに滝のように流れる汗。タオルで汗を拭き拭きしているうちに、ふと気づいたら、私のまつげはどこ？　眉毛はどこにいってしまったの？　という悲惨なことに……。という私もそうとうな汗っかき。日焼け止めやファンデーションが流れ、白い汗をかいているところを友だちに見られてドン引きされたことも。

それ以来、山ではファンデーションは使わず、**下地の上に日焼け止めを塗り、パウダーファンデーションでおさえるだけに**しています。これだと、日焼け止めを塗り直す（重ね塗りする）ときもそれほど抵抗がないですし、お化粧直しをするとしても、またパウダーをはたくだけなのでらくらく。

それだけではやっぱり不安、という人は、ウオータープルーフのファンデーションを使い、水に強いアイブロー、マスカラなどでポイントメイクするとよいでしょう。汗を拭くときは、こすらず、タオルでやさしく押さえるようにするのは基本ですよね。

そういえば、以前、プロのモデルさんといっしょに山登りをしたことがあるんですが、さすがモデルさん、どんなにキツイ登りでも、ほとんど汗をかかないんです。朝つけたマスカラもチークも、山小屋に着くまできれいにそのまま。さすが、プロだなあと思いました。コツを聞いたところ、リキッドファンデーションは崩れやすいので使わないそう。また、**化粧崩れは、下地を正しく使う（薄く均一にのばし、下地が乾くまでファンデーションを塗るのを待つ）ことでかなり防げる**そうですよ。

一方でメイクに興味なし、という貴女も日焼け止めは使ってね。紫外線はお肌の大敵！

山言葉

トラバース　斜面を横切ること。足がかりの少ない急斜面をトラバースするときは、斜面を登ったり、下ったりするときより恐怖を感じることもある。

紫外線対策

日焼け止めをしっかり塗ったのに、鼻の頭と頬だけ焼けちゃった

こわいことを言うようですが、**山は平地よりもずっと紫外線が強い**んです。これは、紫外線を弱めてくれる空気の層が、平地に比べて薄いから。だから、標高の高い山ほど紫外線が強いと言えます。林のなかを歩いているときは、木々が日差しをさえぎってくれるので、それほど心配しなくてもだいじょうぶですが、山の上など、直射日光が差す場所では要注意。紫外線は地面に反射するので、雪の上や花崗岩などの白っぽい砂礫や岩の斜面を歩くときは、上からも下からもジリジリ焼けるのを感じます。曇りでも60～80パーセントの紫外線が届いているというから油断できませんよね。お肌をダメージから守るためにも、**日焼け止めをしっかり塗り、帽子や長袖シャツを着るなどして、しっかり防ぎたい**もの。

日焼け止めは汗や摩擦で落ちるので、出発する前に塗るだけでなく、**2～3時間ごとに塗り直す**ことが大切。そうしないと、特に落ちやすい鼻の頭や頬だけダメージを受けてし

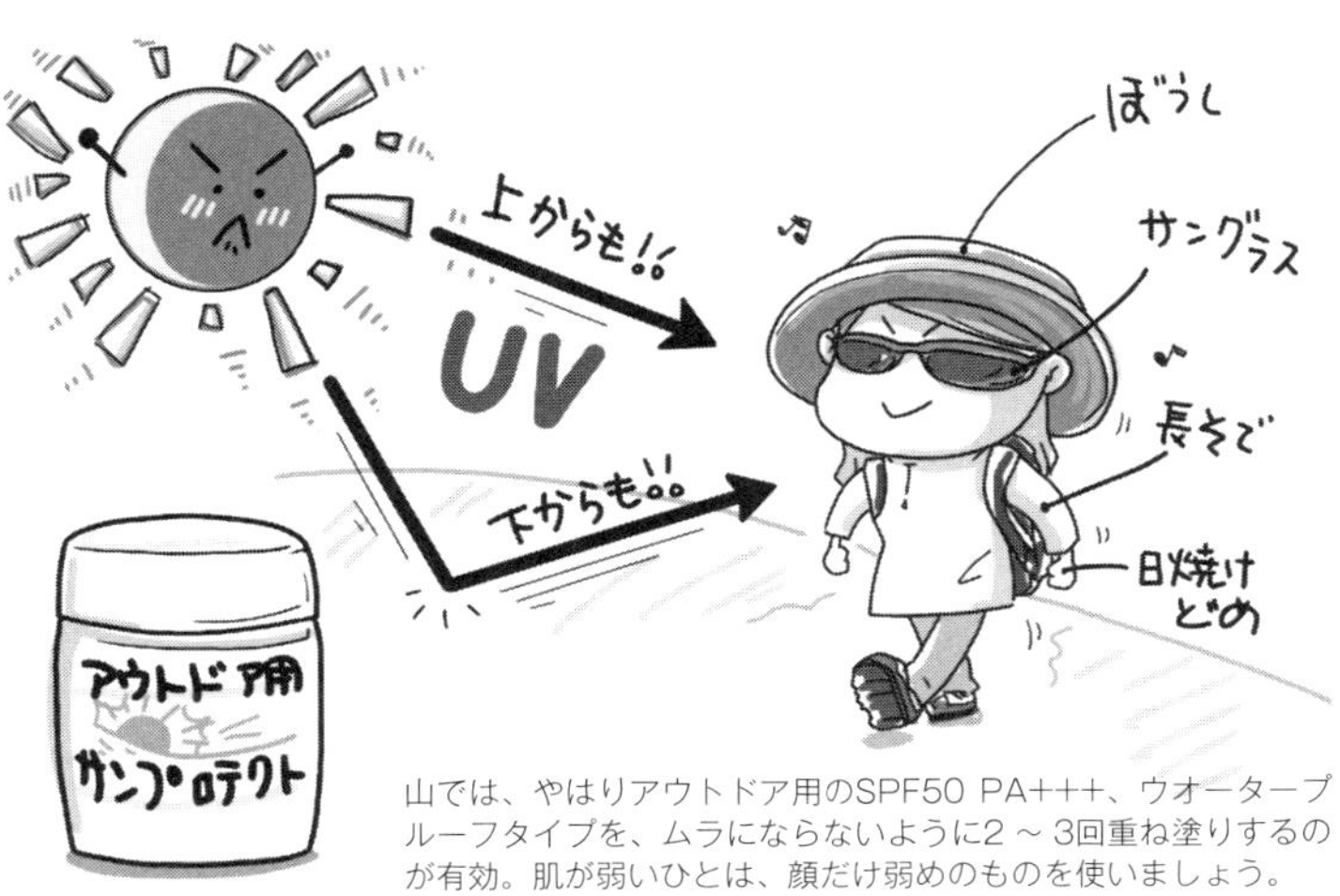

山では、やはりアウトドア用のSPF50 PA+++、ウオータープルーフタイプを、ムラにならないように2～3回重ね塗りするのが有効。肌が弱いひとは、顔だけ弱めのものを使いましょう。

まうことに……。数回は重ね塗りしてしまいますが、だんだんザラついたりベタついたりしてくるのが悩み。お昼など長い休憩をしたときには、化粧落としシートやウエットティッシュで、古い日焼け止めや汚れをさっと落としてから塗り直すと、とてもさっぱりします。塗る前に、化粧水で保湿すればさらによいでしょう。

肌のメラノサイト（シミのもと）は、目から入った紫外線にも反応して活動をはじめるのだとか。だから目の保護だけでなく、**シミ予防のためにもUVサングラスは必携！**

そう、うっかり首や耳に日焼け止めを塗り忘れて、あとからヒリヒリということもあるので注意しましょう。

山言葉　**取り付く**　尾根や沢に入る（登りはじめる）こと。「尾根に取り付く」「沢に取り付く」という。取り付く場所を「取り付き点」という。

携帯の電池

携帯電話、いざというときに電池切れだった

普段の暮らしで手放せないように、**携帯電話は、山でも欠かせないアイテムのひとつ。**電話やメールだけでなく、インターネットで天気予報をチェックするのはもちろん、なかにはGPS機能を使ったり、会員制の登山者向け情報提供サービスを利用している人もいて、どんどん利用域は広がっています。また、**遭難などの緊急時には、救助を求める手段としても、携帯電話は重要**です。山では電波が弱かったり、圏外のこともありますが、年々使えるエリアは拡大中。登山口や谷沿いの道では圏外でも、さえぎるもののない山頂では街の電波を拾うこともよくあります。歩きながらときどき、どこで電波が届いたかチェックしておくと、いざというときに安心です。

ただ、いくら便利になっても電池が切れてしまっては、まったく役に立ちません。日帰りの山では、出かける前にフル充電しておけば、心配ありませんが、泊まりがけで山へ行くときには、**使わないときはこまめに電源を切って、電池をセーブ**しましょう。私は、1

泊以上の山へ行くときは、**必ず予備のバッテリーを持って**いきます。

　また、さまざまなアプリがあって便利なスマートフォンですが、従来型の携帯電話に比べて電池の持ちが悪いので、注意しましょう。山でもその機能を活かすには、節電アプリを入れる、外付けや乾電池の充電器を携帯するなど、電池切れ対策を万全にしないといけないかもしれませんね。

山言葉

トレース　雪や土の上についた踏み跡、足跡のこと。それをたどることを「トレースする」という。一般的なハイキングや登山ではしっかりした道があるので、足跡をたどるようなことはしない。

13

やせ神話

山でダイエットって、あり？

運動によるダイエットは健康的。山登りは、1日に3～4時間、長い行程ではそれ以上歩くこともあります。脂肪が燃えやすいと言われている同じ有酸素運動のジョギングや水泳より運動時間が長い分、1回の消費カロリーも多いのです。**定期的に山へ行って、普段の食生活にも気をつければ、ダイエット効果が期待できる**でしょう。

でも、ダイエット効果を高めようと、**登山中に食事を控えるのは危険なのでダメ**。エネルギー不足で体が動かなくなるだけでなく、脳が働かずボーッとし、結果、判断を誤ったり、何でもないところでつまずいたりします。さらに恐ろしいことに、人の体は、脂肪を燃やしてエネルギーをつくるためには糖質が必要で、それが不足すると、体が飢餓状態になり、脂肪ではなく、なんとタンパク質である筋肉を破壊してエネルギーに変えてしまうそう。そのようなことを繰り返していると、余計にバテやすく、痩せにくいボディーになってしまいます。

だから、**山ではたくさん食べるのが正解**。そして、食事制限をするなら、山以外の日にしましょう。山へ行った後は運動したことに満足して、つい、自分へのごほうびにビール大ジョッキにケーキ、となりがちですが、それをグッとがまんすると、ダイエットに効果的です。

ちなみに、私の経験では、山へ行くと一気に1～2kg減ります。でも、これは残念ながら脱水で、水分が汗になって抜けただけ。だから、2～3日で元に戻ってしまいます。

リバウンド
あっ 太ったぁ
山、行かなきゃ!!
57kg
あー 疲れたぁ
がんばったぁ…
げっそり 3kg減
よしっ!! やせたから たくさーん食べても 大丈夫!!
ヤッター
えっと…
なぜ…?
60kg

山言葉　**トレラン**　トレイルランニングの略。山や高原など、自然のなかを走るスポーツ。山岳マラソン、山岳耐久レースとして、大会も開かれている。

歩き方のコツ

疲れない歩き方って、ある？

山の登りで疲れないために気をつけていることは、①**急な斜面ほど歩幅を狭くして、ゆっくり登る**　②**つま先歩きをしない**　③**３～４歩先を見る**　です。

まるで駅の階段を1段飛ばしで上がるように、山でも大股で速く足を運ぶ人がいますが、これでは普通、10分もしないうちに疲れてしまいます。山登りは何時間も歩くので、大股で歩くと、太もも前側の筋肉に大きな負担がかかってしまい、疲労がたまって痙攣《けいれん》のもとに。これを防ぐには、斜面が急になればなるほど、**歩幅を狭くして、一歩、また一歩と足を運ぶと息が切れず、重心もブレないので**ラクに登ることができます。

また、よくやってしまうのが、急斜面でのつま先歩き。これを続けると、ふくらはぎがすぐに疲れてしまうので、**足の裏全体を地面につけるようにする歩き方がよい**のです。足の裏を地面につけるようにすると、靴底と地面の摩擦力が増すので、滑りにくいというよい点もあります。これは下りでも同じです。

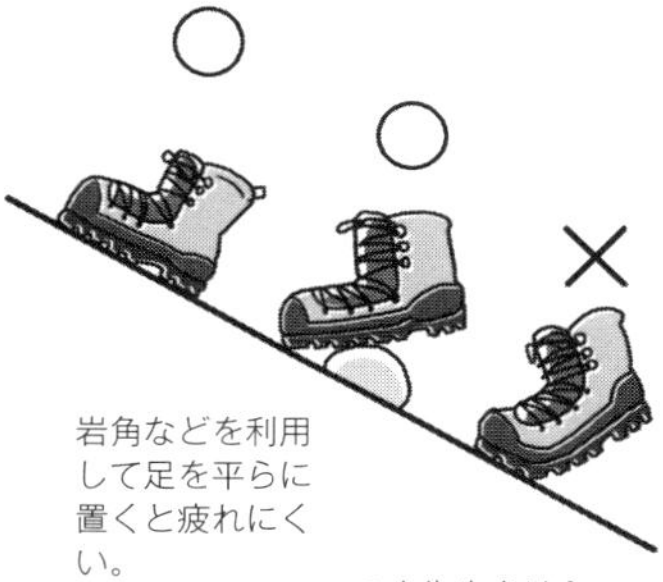
足裏全面をつけるようにすると安定し、滑りにくい。
○
○
×
岩角などを利用して足を平らに置くと疲れにくい。
つま先歩きはふくらはぎが疲れるうえに、滑りやすい。

大股歩きは脚に負担がかかり、疲れる。
歩幅をせばめると疲れにくい。

足もとばかりを見ず、数歩先を見て歩くと、安定してリズミカルに歩けます。足を置くときは、なるべくフラットな場所に。不安定なところに足を置いて滑ったり、浮き石に乗ってバランスを崩すと疲れのもとになります。これらのことは、山登りに慣れてくると自然にできるようになるでしょう。

また、山のお昼というと、山頂でお弁当、というイメージが強いですが、バテにくさを考えるなら、**一度にたくさん食べるより、こまめに少しずつ食べるほうが、エネルギー切れを起こしにくい**のでおすすめ。少しずつ食べることによって、食後に血液が胃に集中することも防げます。

山言葉　**ナイフリッジ**　尾根がナイフの刃のように切り立ってて、右も左も崖になっているところ。このような場所の通過は困難で、細心の注意を要する。蟻の門渡りともいう。

じょうずな下り方

下りが苦手。いつも脚が痛くなるんです……

鳥甲山《とりかぶと》（長野県）の長くて急な下りで、膝が笑ってしまい、どうにも困ったことがあります。膝が笑うというのは、膝の上の筋肉が疲れすぎて、まったく力が入らず、踏ん張りがきかなくなる状態のこと。一度こうなると、**少し休んだくらいでは復活しない**のでやっかいです。このときも、いくら手で押さえても、膝の震えがとまらず、前向きでは自分の体重を支えられないので、うしろ向きで歩き、何とか下山しました。長い行程だったので、登りからペースを上げたこと、急坂でも脚にガンガンと体重をかけ、力任せに歩いたことが原因。山をなめ、自分を過信するとこのようなことになります……。

膝が笑うほかにも、膝が痛くなったり、足を捻挫したり、つま先が痛くなったりと、疲れてくる**下りのほうがトラブルは起きやすい**もの。負担を減らして、足の疲れによるトラブルを防ぐには、ストックを利用するのが有効です。私もこの失敗以来、ストックを持つようにしています。

ただ、ストックも正しく使わないと逆効果。イラストを参考に、**4本の脚で歩くイメージで使う**といいですよ。また、伸縮自在のストックは、ストッパーをしっかり締めないと、体重をかけたとたんにストックが縮んで、体が前に倒れたり、ストックの先が岩の間にはさまって思わぬケガをすることも。そのような危険があることも頭に入れておきましょう。手を使って登るような岩場では、ストックを持っていると危険なので、面倒でも一度ザックにしまいましょう。

山から下る前（山頂を出発する前）には、**靴ひもをしっかり締め直し、足首を固定**しましょう。こうすると捻挫防止のほか、つま先が当たって爪を痛めるのも防げます。

ストックの使い方

登りのとき

ストックは少し短めにすると使いやすい。

下りのとき

ストックを長めにして足より前につくとよい。

山言葉　**パーティー**　仲間としていっしょに山に登っているグループのこと。「私たちのうしろから1パーティー来ます」「あのパーティーはみんな健脚だ」というように使う。

突然の降雨

あらら、雨が降ってきちゃった

今は天気予報がかなり正確なので、日帰り登山の場合は、しっかり天気を調べていけば、途中で雨に降られることはほとんどありません。でも、山のなかで1泊、2泊と、行程が長くなると、実際には途中で雨になって、レインウエアやスパッツ（ゲーター）、ザックカバーなどの雨具が活躍する機会も多いもの。そこで、ここでは雨の日コーディネートをおさらいしておきましょう。

まず、**山のなかでパラパラときたら、すぐに安全な場所で荷物を下ろしてレインウエアを着ましょう**。すぐに止むだろうと思って歩き続けると、あっという間に髪や肩が濡れて、気づいたときには、寒さで震えが止まらないということにもなりかねません。小雨で、すぐに止みそうならば、とりあえずジャケットだけでもよいでしょう。レインウエアを着ると当然暑くなるので、**重ね着をしている場合は、上着を1枚脱ぐ**ことを忘れずに。ちょっと面倒でも、**このような小さなことで快適に行動でき、疲れを防ぐことにつながる**

のです。

ジャケットについているフードは、深くかぶると視界がさえぎられて、集中力が散漫になりやすいので、後頭部や顔周りについているストラップで、顔までかからないように調整しましょう。フードは、襟のなかに収納されているタイプもあります。「フードがない！」と慌てないようにあらかじめ確認しておきましょう。

パンツはたいてい裾の外側にジッパーがついていて、それを大きく開くと、登山靴を履いたまま着ることができるようになっています。持っていれば、スパッツをつけ、ザックカバーをザックにつけたら完璧です。

雨支度

ジャケット付属のフードでもよいが、レインハットを別に用意すると視界が妨げられず、快適。
マジックテープで袖の長さを調整。手が出るように。
ザックカバーは風に飛ばされないよう、ゴムやストラップを締めて、しっかり装着。
パンツは靴を履いたまま着られるように設計されたものが多い。

スパッツ（ゲーター）

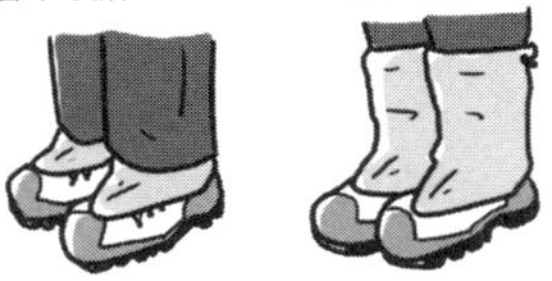
パンツの内側に着ける派
パンツの外側に着ける派
こちらのほうが靴への雨の浸入が防げる。
パンツの裾が泥などで汚れるのを防げる。

山言葉　**幕営（ばくえい）**　山のなかにテントを張ってキャンプすること。露営、野営ともいう。テント泊は、自分たちで食事をつくったり、寝袋で寝たりと山小屋泊まりとは違う楽しさがある。幕営地はテント場のこと。

17

岩場の不安

岩場の真ん中で立ち往生……どうしよう？

スリルある岩場の通過、意外に男子より、女子のほうがこわがらない人が多い気がします。山登りをはじめたばかりなのに、いきなり険しい岩場のあるコースに行くのは危険ですが、少し慣れてきたら、岩場登りに挑戦し、適度なスリルを体験するのも楽しいものです。とはいっても、はじめてのときはこわいもの。そんなときは次のポイントを思い出して、慎重に乗り越えてくださいね。

①岩場は落石の危険があるので、**ひとりずつ通過する**ようにします。前の人が登るのを安全な場所で見ながら、自分が通る道（どこに足を置き、どこに手をかけるか）をイメージしておくとよいです。

②**3点確保を守る**。岩場で両手・両足を使うときは、その4つのうちひとつだけを動かして移動します。そのほかの3つは確実な場所に置いて体を支えます。それを繰り返してゆっくり登りましょう。2つを同時に離すと不安定になって危険です。鎖があってもサポ

ート的につかむ程度に。**鎖にぶら下がるのはＮＧ**です。

③こわいからといって、岩にくっつくと、足が岩から外れやすくなるので、よくありません。**岩から体を離す**と、手足を動かしやすくなるし、岩がよく見え、足を置く場所、手をかける場所を見つけやすくなります。

④岩に手をかけるときは**岩を手前に引っ張らない**ように。岩を自分のほうに引っ張るようにして体重をかけると、もろいところでは岩がはがれ落ちることがあります。岩を向こうに押しつけるイメージで手をかけます。また、腕力だけでよじ登るとすぐに疲れて握力が弱まるので、なるべく足で体重を支えるようにします。

険しい岩場を終えて、気が緩んだときに転落などの事故を起こしやすいものです。最後まで気を抜かないようにしましょう。

×

○

山言葉　**バテる**　力を使い果たして動けなくなること。バテないようにペース配分を考え、こまめにエネルギー・水分補給をすることが大切。寝不足でバテることもあるので、十分な睡眠を。

18

山小屋

山小屋って、どんなとこ？

山小屋を利用すると、1日では歩けない長い行程の山にも登ることができます。また、地平線に沈む夕日を見たり、満天の星を眺めたり、雲の上から昇るご来光を拝んだりと、**日帰りでは見られない感動的な景色に出会える**のも、山小屋泊まりの楽しみなところ。夏休みなどのまとまった休みをとれるときに、ぜひ経験してもらいたいと思います。

山小屋は山のなかという厳しい環境での営業なので、ホテルや旅館のように整った設備（お風呂、各部屋のテレビ、浴衣など）はありません。また、売店で売られているものが割高なのは、ヘリやボッカ（→P153）による輸送費が含まれているからなので、あらかじめご了解ください。**ゴールデンウイーク、海の日の連休、お盆、体育の日の連休は混雑**して、ゆっくり休むことができないこともあるので、可能であれば避けましょう。

東北地方に多い**避難小屋は**、ここで紹介する山小屋（営業山小屋）とは違って寝具がなく、食事も自炊となります。**寝袋や食料を持参しなくてはならない**ので要注意です。

山小屋ってこんな感じ

- 宿泊費は1泊２食付きで7,000～9,000円ぐらい。
- 基本的に要予約。
- 冬は営業していないところが多い。（八ヶ岳はほぼ通年営業）
- 各山小屋の情報はインターネットで調べるのが便利！

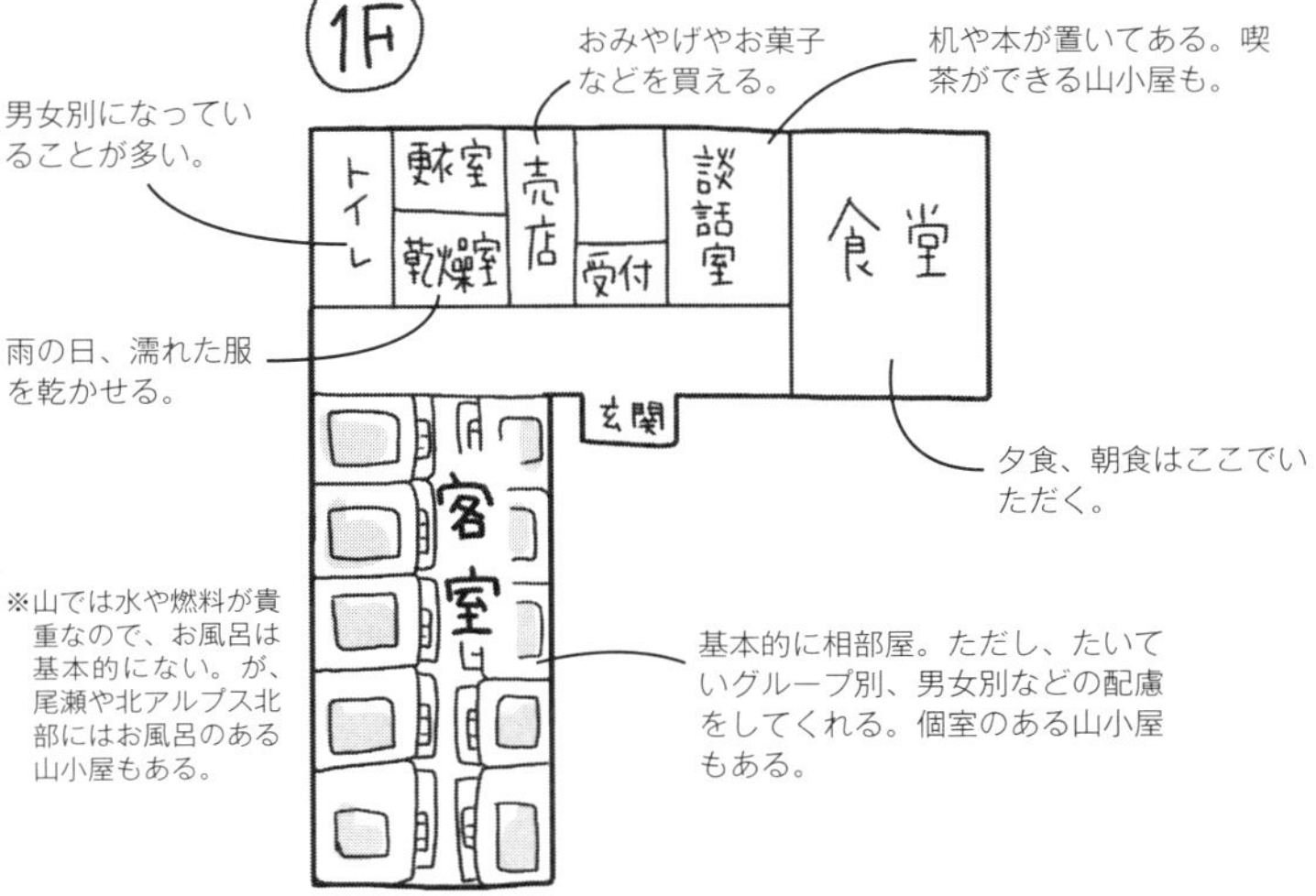
1F
おみやげやお菓子などを買える。
机や本が置いてある。喫茶ができる山小屋も。
男女別になっていることが多い。
トイレ
更衣室
売店
談話室
食堂
乾燥室
受付
雨の日、濡れた服を乾かせる。
玄関
客室
夕食、朝食はここでいただく。
基本的に相部屋。ただし、たいていグループ別、男女別などの配慮をしてくれる。個室のある山小屋もある。

※山では水や燃料が貴重なので、お風呂は基本的にない。が、尾瀬や北アルプス北部にはお風呂のある山小屋もある。

山言葉　**バリエーションルート**　岩登り、沢登りなどの技術を駆使して登るルート。その醍醐味は自分の技術・経験を生かして挑むことにあるので、登山地図にはルートが載っていない。より熟達した登山技術・経験が必要。

19

宿泊マナー

山小屋で消灯後におしゃべりをしていたら、ほかの登山者に叱られた

山小屋は1日の疲れをとって、翌日の行程に備える場所。**寝不足だとバテや高山病の原因にもなる**ので、みんな早めに休みます。遅くまでおしゃべりをしているとほかの人の迷惑に……。マナーを守ってお互いに気持ちよくすごしましょう。

山小屋に着いて部屋に案内されたら、まず汗で濡れたもの、土で汚れたものを着替えます。そのときにウエットティッシュで顔や体、足をさっと拭くと、だいぶすっきりしてよく眠れます。夕食までは荷物整理、売店でおみやげをチェック、山小屋周辺をお散歩したりしてすごすとよいでしょう。

夕食が済んだら地図を見ながら翌日の行程を再確認、あとは疲れているので、たいていすぐに寝てしまいます（ほかの人のいびきが聞こえる前に寝てしまうのが勝ち）。山小屋によっては食事後にご主人や著名人のトークショー、山のビデオ上映などのサービスをしているところもあり、楽しくすごせます。

たいていの山小屋は洗面所があって、洗面や歯磨きができますが、環境のことを考え、**石鹸や歯磨き粉は使わないように**します。また、尾根上にある山小屋では水がとても貴重なので、**節水を心がけて**。もちろん洗濯はできません。

山小屋では照明などに使う電気を自家発電しています。部屋にコンセントがあっても、携帯電話の充電など、個人的に使うのはマナー違反。どうしても使う必要がある場合は、山小屋スタッフに相談しましょう。

山小屋に泊まる

15:00ごろ　受付

どんなに遅くても、16:00までには到着。受付のときに宿泊料金を支払う。

18:00ごろ　夕食

以前の夕食メニューはカレーが定番だったが、最近はおかずが多く、おいしいところが多い。

21:00ごろ　消灯

電気が消える前にトイレを済ませ、早めに休みましょう。水とヘッドライトは枕元に。

05:00ごろ　起床

早起きして、ぜひ、ご来光を見に行こう！

06:00ごろ　朝食

しっかり食べてエネルギー補給。水分も多めにとっておく。

07:00ごろ　出発

忘れ物がないか確認して出発。

山言葉　**ピストン**　往復登山。登ったルートと同じ道を下ること。輪を描くように、ぐるりと歩いて同じ登山口に戻ることは「周回」または「ラウンド」という。

Column
山小屋泊まり便利グッズ

ウエットティッシュ

体を拭くのに欠かせない。

耳せん となりの部屋のおじちゃんのいびき轟音対策。

アイマスク
消灯前に寝るときに。

簡易シーツ
寝具の汚れが気になる人は持っていくとよい。寒さ対策にも使える（実際に使っている人は少ない）。

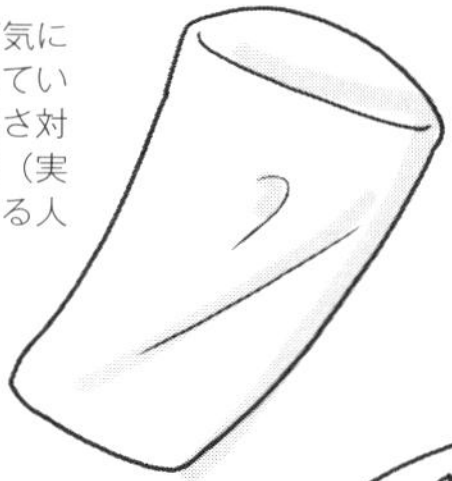

手ぬぐい

枕カバー代わりになる。タオルよりかさばらず、持っていると何かと重宝。

名札
靴を間違えて履かれる事件多発。目印をつけるとよい。

ガム
歯磨き粉が使えなくてもスッキリ。

シートパック
山小屋は乾燥していることが多いので、寝る前にパックをするととても気持ちいい。翌日は心もお肌も潤ってます。

Chapter 5

もしものときの対処法

詳しくはページをめくって！

疲労困憊

もう一歩も歩けません……

疲れすぎてもう一歩も歩けない、という状態になってしまうと、回復させるのは難しいので、そうならないように気をつけることが大切です。これは**グループ登山のときに起こりがち**。なぜなら、ほかのメンバーに合わせて無理なペースで歩いてしまったり、迷惑をかけたくないという気持ちから、疲れていても言い出せずに歩き続けてしまったために起こることが多いのです。もし、自分がそのような状態になりそうだったら、メンバーに知らせて早めに対処しましょう。動けなくなって、担ぎ下ろしてもらうなんてことになったら、それこそ大迷惑をかけてしまいます。

また、グループで行くときは、バテている人がいないか、いつも気を配るようにしましょう。**バテの兆候は、常にペースが遅れる、無口になる、表情がなくなる、顔色が悪い、足が上がらなくなる、ふらつくなど**。そのような兆候が見られたら、**まずは座って休ませること**。温かい飲み物を飲ませたり、行動食を与えて回復を待ちます。バテているときは食欲もなく、固形物が喉を通らないこともあります。ゲル状のエネルギー食品は食べやすく、吸収も早いので有効。休んでいる間は、ダウンやレインウエアを着せて、体が冷えないようにすることも大切です。

体力が回復して歩けるようになっても、また、すぐに歩けない状態になってしまうことが多いので、近くの山小屋に宿泊するなど、**予定を変更する判断も必要**でしょう。もちろん荷物を仲間で分担して持ってあげる、ストックを使わせるなどのフォローも。

山言葉　**ビバーク**　テントを使わず、簡易宿泊用具（ツエルトやタープなど）だけで夜を過ごすこと。装備を減らすためにテントを持たないこともあるので、緊急的な場合だけをいうとは限らない。

日没

下山途中に暗くなってしまった

「秋の日はつるべ落とし」といいますが、秋の山ではとくに注意しなければなりません。夏の感覚で時間配分をすると、下山口に着く前に日暮れになってしまいます。実は私も暗いなかを歩いたことがあるのですが、ヘッドランプで登山道を照らしても、昼間のように段差の感覚がつかめず、転倒しそうになってこわい思いをしました。それに加えて、林の向こうから聞こえる不気味な鳥の鳴き声、草むらでカサッと何かが動く気配を感じて、気味悪かったこと……。

山では暗くなってからの行動は危険なので、**早めに出発し、早めに到着することが鉄則**です。とはいっても、何かのアクシデントで遅れてしまうこともあるでしょう。もし、途中で暗くなってきたら、**早めにヘッドランプをつけましょう**（このようなアクシデントに備えて、ヘッドランプはいつもザックの取り出しやすいところに入れておきます）。慌てず、足もとをライトでよく照らして、いつも以上に慎重に足を運ぶようにします。

風の当たらない岩陰や雨が直接あたらない木の下などで夜をすごす。

テントのように張るのは技術がいるけれど、ポンチョのようにかぶってもいい。

かぶると寒さを防げる。地面に敷いたり、雨風よけにも使える。

もし、下山口まで、まだ何時間もかかるようなら、ビバーク（山のなかで緊急的に夜をすごすこと）もやむを得ません。そのような緊急事態のためにツエルト（簡易テント）やエマージェンシーシートを持つようにしましょう。ツエルトは1万円程度するので、購入を負担に思う人は、せめてエマージェンシーシートだけでも用意したいですね。銀や金色の薄いシートですが、体の周りに巻くと意外に温かく、夜の寒さから守ってくれます。1000円以下で買えるし、重さも50グラム程度とお手ごろです。

山言葉　**武器（ぶき）**　箸、スプーン、フォークなど個人で使う食器のこと。もし、山の計画書に「武器は各自で用意」と書かれていても、自動小銃や手榴弾を想像しないように……。

道迷い

おしゃべりに夢中になって、分岐を見逃しちゃった

山登りしながらだと、なぜか普段はあまり言えないことまで話せたりして、会話が盛り上がるんですよね。黙々と登るより、キツさも紛れるし、適度なおしゃべりはいいと思います。でも、話に夢中になりすぎて、注意力が散漫になってしまいがちなのが、女子の欠点かも。たとえば、曲がるべき分岐を見逃して、真っ直ぐ進んじゃった……。そんなことから道迷いははじまるのです。

道迷いを防ぐには、いつも地図と道標を照らし合わせて、現在地を確認すること。**だから登山に地図は必携**。休憩するたび、分岐に来るたび、何度も地図を出して確認し、間違っていないか確かめます。もし、標識と地図が合わないなど、**おかしいなと思ったらすぐに立ち止まって**、さらによく確認。ここであせってパニックになると、正しい判断ができなくなるので、飲み物をとるなどして落ち着きましょう。**間違っている場合は、来た道をわかるところまで戻るのが原則**です。とくに下りの場合、来た道を登り返すのはとても勇気がいること。多くの人はそのまま進んでしまって、さらに危険な状態に陥ってしまうのです。**間違ったときは強い意志を持って引き返しましょう**。行くにも戻るにも道がわからなくなってしまったときは、**山麓を目指そうとして、むやみに下ってはいけません**。沢に入り込むと、地形が険しくなったり、滝に出合ったりして、滑落する危険があるからです。無理に動かず、その場で助けを待つほうが安全な場合もあります。

地図読みに関しては、専門書が多く出ているので、本書では触れていません。でも、道迷いを防ぐために、また、迷ったときの対処法としても、**なるべく早く地図読みの技術を身につけることが大切**です。とはいっても、女子は地図読みが苦手なもの。そこで**サポートとして、登山用のＧＰＳを利用する**のも道迷い対策に有効です。ＧＰＳを使うと、自分の歩いた道を軌跡として記録できるので、それをたよりに歩いてきた道を逆にたどることができ、道を見失うことを防げます。

道迷いは登山者の遭難原因のうち約2割を占めています（2010年夏期、警察庁調べ）。でも、注意することによって防げるということをどうか忘れずに。

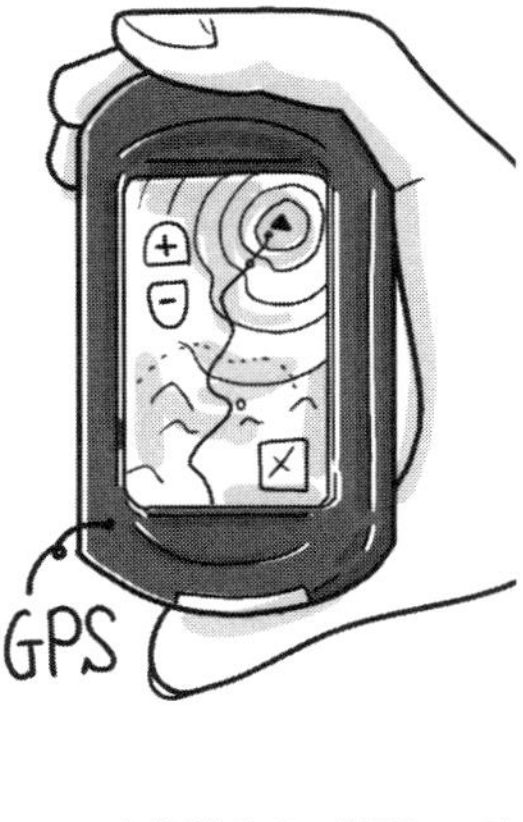

山言葉｜**紅殻（ベンガラ）**　べにがらとも読む。雪の上に赤い粉を線状にまいてつけられた道の印。紅殻がまかれている場合は、そのルート以外は危険な場所もあるので、印から外れないように歩くこと。

悪天候

こんなときどうする!?（自然編）

山の天気は変わりやすいので、登山中に急に天気が悪くなるのはよくあること。そのような状況に遭ったときのための対応策を覚えておきましょう。

・**急に大雨になった**……地面をたたきつけるほどの大雨に遭ったら、**崩壊地、崖下などの危険な場所から離れ、止むのを待ちましょう**。すぐに止みそうもない場合は、予定を変更して下山する判断を。沢沿い、谷など水が流れる場所にいるときは、鉄砲水（土石流）が起こることがあるので、**なるべく早く沢から離れた場所まで移動**します。

・**雷に遭った**……山で遭う雷は街なかとは比べものにならないほど恐ろしいものです。高山では、雷雲と同じぐらいの高さにいることもめずらしくないのですから。とくに危険なのは、山の上の岩尾根、または広い湿原のように身を隠す場所がないところ。そのような場所では、たとえ遠くでも雷鳴が聞こえたら、**どこに避難するべきか考えながら歩きます**。そして、雷が近づいてきたら**少しでも低い場所を探して、さらに体を低くして雷が通**

雷にあったときは……！

近くに隠れる場所がない場合は、少しでも低い場所で身を低く。

草原にいるときは、樹林帯へ逃げる。

山小屋があれば、建物内へ避難。

1本だけ立つ大木は落雷しやすい。雷流が伝わらないよう、2メートル以上離れる。

りすぎるのを待ちます。なお、「夕立は三日」ということわざがあるように、**夏の夕立は一度起こると、3日前後続くことが多い**です。もし、前日に夕立があったら、翌日も夕立に遭う可能性が高いので行動は早めに。

・**岩が落ちてきた**……岩場で上から岩が落ちてきたときは、すぐに行動をやめて岩陰に身を隠すと同時に「ラク！」または「落石！」と叫んで、下の人に知らせます。石を落とし、下の人に当たると大ケガをさせてしまうので、岩場では細心の注意が必要。**足運びを慎重にし、不安定な石には触れない**ように。また、落石に当たるリスクを減らすため、**崖下など岩が落ちてくる危険がある場所では立ち止まったり、休憩してはいけません**。

山言葉　**ペンキ印**　岩場など、ルートがわかりにくいところに赤や黄色、白色のペンキでつけられた印。○印であることが多い。

5 体の不調 こんなときどうする!?（病気・ケガ編）

どんなに気をつけていても、思わぬトラブルに遭ってしまうことも。山で起こりがちなトラブルと、その応急処置法を紹介します。

● 高山病 ●

標高が上がるほど酸素の濃度が薄くなり、酸素不足によって起こる。人によっては2400メートル（富士山でいうと6合目ぐらい）から症状が出ることも。頭痛、吐き気、食欲不振などの症状が出たら、水分をたくさんとり、深呼吸をして、体を高度に慣らす。つらいからといって寝ると、呼吸が浅くなるので逆効果。頭痛や嘔吐が激しい、咳が止まらない、脈拍が早いなどの症状が見られるときは、すぐに下山して少しでも標高を下げる。

● 熱中症 ●

体温が上がったまま、下げられなくなり、臓器が衰弱したり血液の流れが悪くなる症状。炎天下や蒸し暑い場所で汗を大量にかき、水分・塩分が不足すると起こりやすい。だるさ、めまい、吐き気などの症状が見られたら、涼しい場所で休ませ、スポーツドリンク（なければ水と塩分）を補給する。濡れタオルで額や首を冷やすのも有効。

● 低体温症 ●

極度の冷えによって起こり、最悪は凍死ということも。軽度の症状は震えが止まらない、言葉が不明瞭、眠気など。一度低体温症の状態になると、自分の体温調節機能だけでは正常の体温に戻すことが難しいので、濡れた服を着替えさせ、エマージェンシーシート（→P145）で包む、温かい飲み物を飲ませるなどして体を温めることが必要。

● 骨折 ●

骨折箇所が手の指や腕の場合は、添え木をして固定するなどの応急処置をし、自力下山もできる。複雑骨折（骨が皮膚を突き破っている場合）や足を骨折してしまって動けない場合は、救助要請をする。

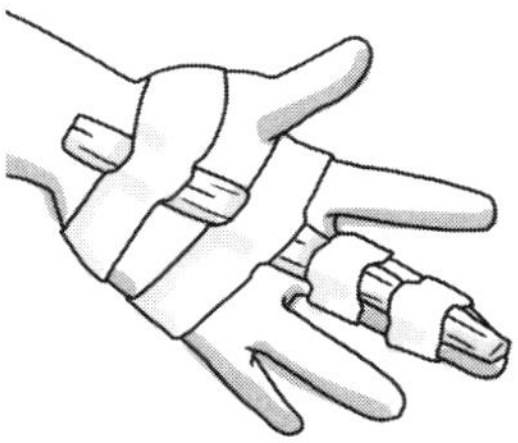

● 足がつった ●

筋肉に過度な負担をかけたり、過度の緊張、塩分不足などで起こる痙攣。休憩して、水分・塩分を補給すること。ストレッチをし、つっている部分をゆっくりと伸ばす。

● 切り傷（出血）●

小さな傷はすぐに血が止まるが、傷が大きく血が止まらない場合は、清潔なガーゼを患部に当てて、強く押さえる。心臓より高い位置で行うと血が止まりやすい。処置する人は、血液に直接触れないように手袋（なければビニール袋）をして感染防止を。

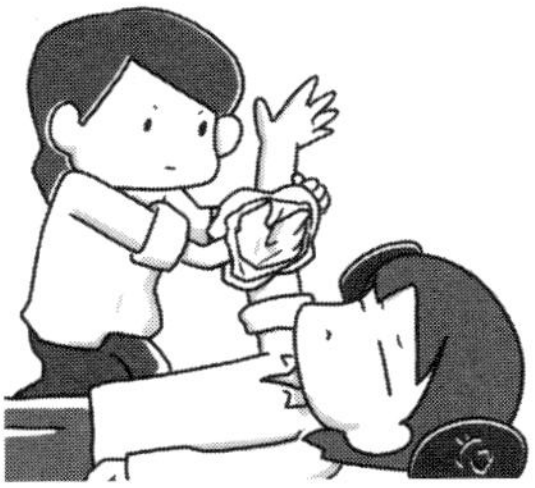

● 靴ずれ・まめ ●

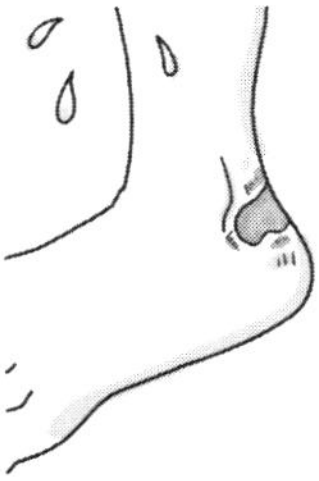

靴が当たって、痛みを感じたら、まめができる前に靴を脱いで、当たっている部分に絆創膏（布製がベター）やパッドを貼るとよい。靴下のしわが原因になることもあるので、靴を履くときにしわができないように注意を。

● 捻挫 ●

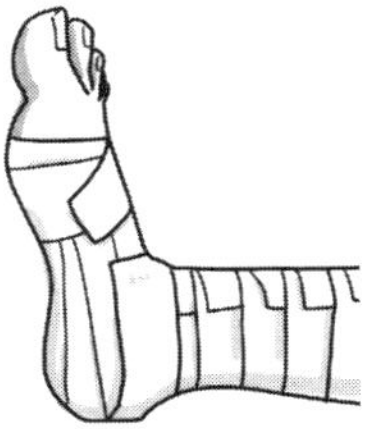

痛みがひどい場合は、テーピングで足首を固定する。さらに三角巾やテーピングで靴の上からもしばって補強するとよい。なるべく痛めた足に負担をかけないようにして下山する。

山言葉　**細引き（ほそびき）**　直径2～7ミリ程度の細いナイロンロープのこと。靴ひもの代わり、テントやツエルトの固定など、1本持っていると何かと便利。登山用品店でメートル単位、数百円で買える。

襲われる？

こんなときどうする!?（動物編）

山のなかでリスや小鳥などの小動物に出会うのは楽しいもの。標高の高い山ではライチョウやオコジョなどのめずらしい動物を見かけることもあります。その一方で、出会いたくない動物も……。それはサルやクマ、ヘビ、ハチなどです。

・サル……上高地（長野）へ行ったときのこと。公衆トイレに行こうと思ったら、トイレの前に10匹ほどのサルが座っていて、全然動いてくれないんです。しょうがないので、刺激しないように気をつけてトイレに近づいたつもりだったのですが、ボスザルに「フー」と歯をむいて威嚇され、飛びかかられそうになりました。サルも意外と凶暴。見かけても目を合わさず、近づかないようにしましょう。野生動物にエサをやるのは厳禁です。

・クマ……出会わないためには、声や音を出してこちらの存在を知らせるのがいちばん。お互いに気づかず、出会い頭に遭遇すると、クマがおどろいて攻撃してくることがあるからです。歩いている間中、大声を出すのは大変だし、変な人だと思われても困るので、熊鈴を持っているとよいでしょう（登山用品店で購入できる）。念のために言っておくと、クマは鈴の音が嫌いなわけではないので、出会ってしまってから鈴を振っても効果はなし、遅すぎます。もし、クマを見たら、なるべく静かに後ずさりしながら離れます。昔から言われている「木に登る」「死んだふり」は効果がありません。熊鈴は人の多いところでは不要なのでザックのなかにしまい、音が出ないように配慮しましょう。

・マムシ・ハチ……マムシやスズメバチは標高の高い山にはいないので、里山歩きをするときのほうが注意が必要。マムシに噛まれたり、スズメバチに刺されたら、登山をやめて冷やしながら下山し、すぐに麓の病院へ。

山言葉　**ボッカ**　漢字では「歩荷」と書く。荷物を背負い、人力で食料などを山小屋に荷揚げをすること。ヘリが使われることが多いが、今でもボッカさんによって荷揚げされている山小屋もある。

救急セット

いざというときに役立つグッズ

山へ持っていく救急用品は絆創膏だけという人も多いけれど、万が一に備えて持っておきたいグッズを紹介。山ではこれらを持っているか持っていないかが、大きく運命を変えることもあるのです。グループで山へ行く場合、最低でもリーダーは一式持つようにします。

● 絆創膏 ●

軽い切り傷や靴ずれの保護に。

● 滅菌ガーゼ ●

止血、傷口の消毒や保護に。

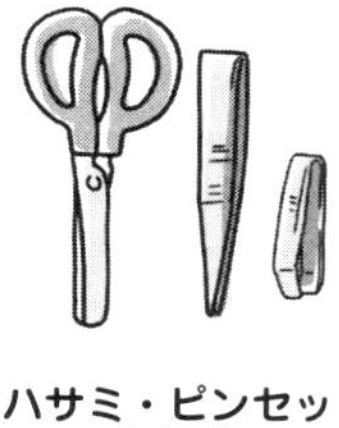

● ハサミ・ピンセット 安全ピン ●

ハサミはガーゼやテープを切るときに。ピンセットは消毒。安全ピンは固定用に。

そのほか便利グッズ

● 細引き ●

細いナイロンロープのこと。ツエルトを固定するときなどに使うが、靴ひもが切れたときには代わりになる。

● 万能ナイフ ●

救急時だけでなく、調理にも使える。

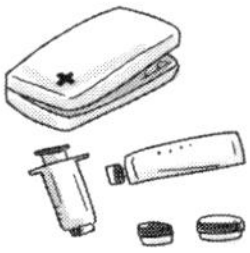

● ポイズンリムーバー ●

蚊やアブはもちろん、毒虫や毒ヘビに噛まれたときに、毒を吸い出す道具。

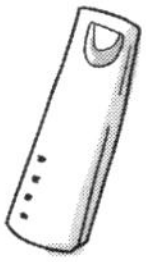

● ホイッスル ●

自分の居場所を知らせるときに。

ファーストエイド　キット

● 包帯 ●

傷口の保護、関節の固定に。

● テーピングテープ ●

関節の固定や、ガーゼなどを留めるときに。

● 消毒薬 ●

傷口の消毒に。

● 三角巾 ●

骨折や脱臼で腕を吊るときに。ガーゼの代用にも。

● ライター ●

器具の消毒をするときに。

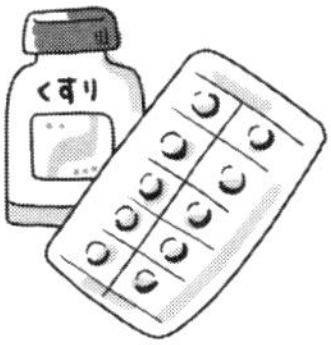

● 常備薬 ●

普段飲んでいる薬のほか、胃腸薬、鎮痛剤、カゼ薬などを用意。

山言葉　**ホワイトアウト**　雪山で、数メートル先も見えないような濃霧や吹雪に遭い、足もとの雪面はもちろん、周りも、空も真っ白になる状態。方向感覚・平衡感覚が失われてしまう。そのようなときはGPSがあると心強い。

救難

それでも事故が起きてしまったら？

どんなにベテランでも、絶対に事故を起こさないということはありません。しかし、そのようなときの対処法を知っているのと知らないのとでは大違いです。大きなケガをしてしまった、体調が悪く重篤な状態、道に迷って動けなくなってしまったなど、救助が必要になったとき、どのように行動するのがよいか考えてみましょう。

①救助が必要か冷静に判断

思いがけない事態に遭遇してパニックになり、本当は自分で下山できるほどの軽傷なのに救助を呼んでしまうことも。まずは落ち着いて事態をよく確認。

②救助を呼びに行く

携帯電話がつながれば、地元警察署か最寄りの山小屋へ連絡をする（事前に連絡先を調べておく。一刻を争うとき、電話番号がわからない場合は１１０番へ。ただし、携帯電話からかける場合は、電波状況によって最寄りの警察署へかかるとはかぎらない）。このときに大切なのは5W1Hを適確に伝えること。山に詳しくない家族や友人に救助を求めると、動揺・混乱を招き、救助要請が遅れてしまう場合もある。携帯電話がつながらない場合は、近くの山小屋か麓まで行くしかない。自分たちが動けないときは、通りかかった登山者に状況を伝えて、代わりに救助要請してもらう。

③安全な場所で救助を待つ

救助隊と直接連絡がとれたときは、絶対に指示に従う。なるべく安全な場所を見つけて、ビバークの準備をする。連絡などでやむを得ず、その場を離れなければならないときは、必ず2人組で。

④自分の居場所を知らせる

なるべく早く救助隊に発見されるように、できることを考える。たとえば、赤やオレンジなど、目立つ色のウエアを見えやすい場所にくくりつける、ホイッスルを吹いて居場所を知らせるなど。また、ヘリによる上空からの捜索には、鏡など光るものを反射させる、発煙筒やたき火で煙を出すなどすると有効です。

なお、ひとりで山へ行っているときに事故を起こすと、これらをすべて自分ひとりでやらなければなりません。「私には無理」と思う人は、ひとり山行は避けるべきでしょう。

山言葉　**巻き道（まきみち）**　ピーク（山頂）を通らず、山腹を横切ってショートカットするルート（近道）。または、岩場や崩壊地を避けて迂回するルート。危険箇所の上側を巻いて通過することを「高巻き」という。

登山届の提出

登山届は出さなければいけないもの？

登山届は、登山許可をもらうものではないので、届け出をしなくても山へ行くことができます（冬の谷川岳・剱岳をのぞく）。それでは、何のためにあるのかと言えば、**あなたのため**なのです。なぜなら、**山で事故に遭い、連絡がとれない場合、登山届に書かれた情報をもとに捜索が行われる**からです。

たとえば、2泊3日の予定で山に登るとして、家を出るとき家族に「鈴鹿《すずか》（三重県、滋賀県）の山へ行ってくるね。あさって帰るから」とだけしか言わないとします。3日目の下山時、不注意にも足を滑らせ骨折。動きがとれず、たよりにしていた携帯も圏外だったとしたら……。ほかの登山者が通りかかるのを待つか、捜索隊が偶然見つけてくれるのを待つしかありません。一方、家では3日目の夜になっても帰ってこないので、とても心配するでしょう。4日目、警察に相談するものの、「鈴鹿の山へ行ったけど帰ってこない」という情報だけでは、広い鈴鹿山脈のどこへ行ったかわからず、探しようがありません。

※巻末付録をご覧ください。

登山計画書

年　月　日

御中

団体名		所在地			
		連絡先			
目的の山域・山名					
宿泊	日帰り・山小屋泊・テント泊・そのほか（　　　）				
役割	氏名	年齢	性別	血液型	緊急連絡先（住所と電話番号）
月 日	行動予定				
エスケープルート（緊急時の下山ルート）					
基本食料　1人あたり　食分			装備		
予備食　1人あたり　食分			テント（有・無）　人用　張		
そのほか非常食			コンロ（有・無）		
			燃料（有・無）ガス　個		
			液体燃料　ℓ		
			トランシーバー（有・無）		
備考・連絡事項					

登山届を出していれば、日程や通るルートなどがわかるので、捜索する範囲が絞られ、**早期発見・救助につながります**。万が一のとき、早く見つけてもらいたいと思ったら、登山届を出すべきです。届けには決まった書式はありませんが、本書巻末の付録をぜひ活用してくださいね。ほかに警察のホームページなどからも書式をダウンロードできます。記入したら、その山の**都道府県警察本部地域課に郵送**します。最近はメールで受け付けているところもあるので、警察のホームページで確認を。また、登山口に登山届入れがあるところは、そこへ入れてもよいです。なお、**下山届は必要ありません**。

警察に届けるつもりで**しっかり記入することで、自分の計画に無理がないか、見落としていることはないか再確認でき、結果、事故を防ぐことにもなります**。

山言葉　**モルゲンロート**　朝焼け。朝日が昇る前後に空や雲が紅く染まること。夕焼けは「アーベントロート」という。いずれもドイツ語。

山岳保険の種類

低山ばかり登るなら、山岳保険はいらないかしら?

「山で遭難すると多額の費用がかかる」というのは都市伝説化しているので、耳にしたことがある人も多いのではないでしょうか? これは、ある意味本当なのですが、では、どのくらいのお金がかかるかといえば、ケース・バイ・ケースで、事例によってかなり金額に違いがあります。たとえば、大きなケガをしてしまって、警察または消防ヘリで病院へ運んでもらった場合は、費用が請求されることはありませんが、何らかの事情で公的機関のヘリが飛べなかったときは民間ヘリが要請されます。その場合は、1回の飛行で50万〜80万円程度（遭難場所と病院の距離によって費用は変わる）かかることも。また、山のなかで行方不明になってしまった場合は、民間の救助隊も派遣され、その人件費だけでも1日2〜3万円。10人で3日間捜索すれば90万円の計算に。

もしものときのことを考えると不安、あるいは家族に迷惑をかけたくないという人は、山岳保険に入っていると捜索費用を保険で補償してもらえるので安心ですね。ただし、**山**

岳保険は種類が多く、仕組みも複雑なので、いろいろなところから資料を取り寄せて補償内容をよく確認し、自分に合う保険を研究しましょう。なお、公的機関のヘリは費用が請求されることはないといいましたが、これは「無料」なわけではなく、税金が使われていることをどうぞお忘れなく……。

《主な山の保険の種類》

年間契約タイプ……山へ行く回数にかかわらず、契約期間内の補償をしてくれる、民間の保険会社の山岳保険。捜索・救助費用に加え、入院・通院、死亡・後遺症なども補償の対象に。1年契約から3年、5年契約もある。1年契約で5000円ぐらいから。

1回ごとの掛け捨てタイプ……山に行く回数が年に10回以下の人は掛け捨てタイプが経済的。山へ行くたびに申し込まなければならないが、インターネットや携帯から手軽に手続きできる。1回（日帰り〜1泊2日で）500円程度。申し込みは各保険会社へ。

日本山岳救助機構（jRO）補塡制度……1年分の捜索・救助費用総額を年末に全会員で公平に負担する相互扶助制度。補償されるのは捜索・救助費用のみで、前年の実績によって費用が増減するが、会員の負担金が一般の山岳保険に比べて少ない。

山言葉｜**ヤブこぎ**　背の低い木や笹、草などが生い茂っている道なき道を、ヤブ（ブッシュ）をかき分けて進むこと。一般登山道でヤブこぎすることは、まずない。

Column

子ども連れ登山

子どもたちといっしょに山登りが楽しめたら楽しいし、よい思い出になりますよね。私も山のはじまりは家族登山で、今でもみんなで登った山のことをよく覚えています。はじめての登山は小学生低学年の大山（神奈川県）でした。子どものころから山に登ったことで、精神的に鍛えられたし、バランス感覚なども身についたのではないかと思っています。

ここで、子どもと登山をするときの注意をいくつか。まず、はじめは岩場や崖などの危険箇所がなく、行程の短い山を選びましょう。子どもは歩幅が小さいので、大人と同じペースで歩かせると負担が大きすぎます。息がきれないよう、ゆっくり登ることを心がけて。子どもははじめは元気がよくて、走るように登っても、突然、電池が切れたように動かなくなってしまうこともあります。そのようなときのために子ども用の背負子《しょいこ》を持っていきたいものです。

また、大人より体温調整が苦手なので、こまめに服を脱ぎ着させること、水分補給を積極的にさせることも大切です。

子どもに重い荷物を持たせるのは体の発達によくないと言われていますが、小学生になって、しっかり歩けるようになったら、自分のお弁当、着替え程度は小さなリュックに入れて持たせると、自立の練習になるのではないでしょうか。

Chapter 6
アフターケアと思い出残し

たのしかっ
たー…

バレバレです…
部長 来週法事で休みをいただきます
しょーがないなー
やった!! これで山へ行ける
数日後…

詳しくはページをめくって！

1

疲労回復

登山翌日も疲れが抜けない……

山でめいっぱい遊んできたら、休み明けにはすっきりさわやかに会社へ出勤したいですよね。多少の筋肉痛はしょうがないとしても、疲れのせいで仕事に集中できずボンヤリ……では困ります。

翌日に疲れを残さないためには、まず、下山したら車やバスに乗る前に**ストレッチをする**といいですよ。疲労した筋肉をストレッチによってクールダウンすることで、翌日の疲れや筋肉痛を軽減できます。また、下山直後にアミノ酸（ＢＣＡＡ）サプリをとると、筋肉のダメージを早く回復できます。

さらに、**ぬるめのお風呂にゆっくり浸かって、脚や腕、肩など疲れを感じる場所をやさしくマッサージ**するのも疲労の軽減になります。下山口近くに温泉があれば、寄っていくのもいいですね。

また、紫外線や乾燥など、厳しい環境にさらされた肌も、**ローションパックでたっぷり**

保湿する、腕や脚にボディークリームを塗るなどのスペシャルケアを。ただし、日焼けでヒリヒリしている場合は皮膚がやけど状態なので、化粧品を使うとしみるだけでなく、炎症を起こすこともあります。そのようなときは**濡らしたガーゼなどをやさしく当てて、ほてりがとれるまで冷やしましょう。**

そして**何より睡眠をたっぷりとること。**ウエアの洗濯や、山の道具の片づけなどやることはたくさんありますが、可能なものは翌日に回し、できるだけ早く休みましょう。

バレバレです…
部長、来週法事で休みをいただきます
しょーがないなー
？
やった!! これで山へ行ける♡
数日後…
ずいぶん激しい法事なんだね
へへへ…
ピリピリ
イテテ
日焼け

正規申請にしましょうね!!

山言葉

ラッセル　深く積もった雪を踏みしめて進むこと。ふかふかの新雪は脚がもぐり、想像以上に体力を消耗する。ほかのパーティーがラッセルしたあとをちゃっかり利用して登ることを「ラッセル泥棒」という。

道具のメンテナンス

2 後片づけがちょっとめんどうだけど……

山から帰ってきたら、くたくたで、「お風呂に入ってすぐにでも寝たい〜」となるところですが、もうひとがんばりして、最低でもザックの中身を出すところまではやっておきましょう。汗で濡れた服をザックに入れっぱなしにしておくと、翌朝には悪臭が……ということになりかねません。ここでは私が下山後にやっているお手入れ方法を紹介します。

・ウエア……各ウエアについているタグに書かれている洗濯方法をチェックして洗濯します。シャツやパンツなどたいていのウエアは洗濯機で洗えますが、防縮加工されていないウール製品は縮むので要注意。専用の洗剤を使います。

・登山靴……脱いだらすぐに、インソール（中敷き）を取り出して乾かします。早く乾燥させることで、イヤな臭いの発生を防げます。また、翌日でもよいので、靴の周りについた泥をブラシで落とすか、水洗いしましょう。仕上げに革への栄養剤入りの撥水スプレーをかけます（撥水スプレーは靴の素材によって、使い分けが必要。わからないときは登山

用品店で聞こう）。靴の内側はよっぽど汚れが気になるとき以外は洗わず、インソールだけを洗うのも手。長持ちさせるためには、箱に入れず通気のよいところに保管するのが得策。

・**レインウエア**……濡れているときは水気を拭き取って陰干しします。足周りなど汚れがひどいところは水洗いします。数回使ったら、中性洗剤で洗い、よくすすいでから陰干し。完全に乾いてから低温でアイロンをかけます（アイロンがけで撥水効果が復活します！）。

・**ザック**……土はブラシをかけたり、濡れ雑巾で拭いて落とします。汗染みができたり、臭いが気になるときは、バスタブに水を溜めて押し洗いします。洗ったあとはざっと水を切り、大きめのバスタオルに包んで脱水。風通しのよいところに吊るして乾かします。

こまめに手入れすることで、長持ちするだけでなく、小さな傷や故障も発見でき、安全登山にもつながるでしょう。

山言葉　**稜線（りょうせん）**　尾根と同じ意味だが、比較的高い山や長大な尾根のことをいう。北アルプスの山並みのように、山頂と山頂をつなぐ稜線を「主稜線」という。

収納 山道具の収納、どうする？

山登りを続けていると、山の道具はどんどん増えていきます。私もザックだけでも日帰り用の小さなもの、山小屋1～2泊用の中くらいのもの、テント泊用の大きなもの、それに今は使っていないけれど、思い出が詰まっていて捨てられない歴代ザックの数々……。さらにテント泊の道具や冬の装備と、気づけば押し入れどころか、ひと部屋が山道具で埋まっています。山の道具は、種類が多く、また小物も多いので、ものが増えたときには、ちゃんと収納しておかないと、山に行く直前に「あれ？　ヘッドランプはどこにしまったかしら？」「ザックカバーはここに入れておいたはず……？」と探し物をすることに。

そういう私も、実は整理整頓が苦手。道具のひとつひとつを決まった場所に片づけるのはたいへんなので、使ったあと手入れをしたら、細かい**道具類をひとつのザックにまとめて入れています**。そうすれば、次に山へ行くときは、いろいろな場所から道具を集めなくても、そのザックから必要なものを選び出すだけでＯＫ。ラクなうえに、忘れものをすることもなくなりました。しかも、これにはもうひとついい点が。それは、**そのザックがそのまま非常袋になる**ということです。ヘッドランプ、非常食、水、レインウエア、防寒着、携帯ラジオなど、**山の道具はもしものときに役立つものばかり**（さらにガスストーブやクッカー、寝袋、テントなどがあれば、非常時も完全な自立生活が可能）。

ただし、**レインウエアを長期間保管するときは、生地を傷めないために収納袋に入れたままにせず、ハンガーにかけておくのがおすすめ**。また、ダウンジャケットもかさばるからと圧縮しておくのはＮＧ。なかに詰まっている**ダウンがつぶれないよう、通気性のある大きめのバッグに入れる**か、ハンガーにつるしておきましょう。

山言葉　**ルートファインディング**　踏み跡が薄い、岩場で踏み跡がないなど、道がわかりにくいところで、正しいルートを判断し、見つけること。

4

お楽しみ倍増

思い出ノートをつくる

山から帰ってきたら、歩いたコースやかかった時間などをまとめて簡単な記録ノートをつくってはいかがでしょう？　思い出を残せるだけでなく、**次に行くときの参考になるし、登った山を振り返ることで、スキルアップにつながります。**行く前は地図を見てもうまくイメージできなかった地形も、不思議なことに、一度歩いたあとではよくわかるようになるはず。**山行後にもう一度歩いた山の地図を見ておくと、地図読みも早くできるようになる**でしょう。

山に登るたびに見て聞いて実感したことは、次に登るときの糧にできます。「あの人、こんな格好こんな登り方がステキだった。真似してみよう」「私の今回の作戦、ここがよかった」そんな振り返り方もできるのです。

記録をまとめるのにノートだけでなく、ウェブを利用するのもいいですね。ブログをやっている人は、自分の残した情報が、これから登る人の役に立つかもしれません。

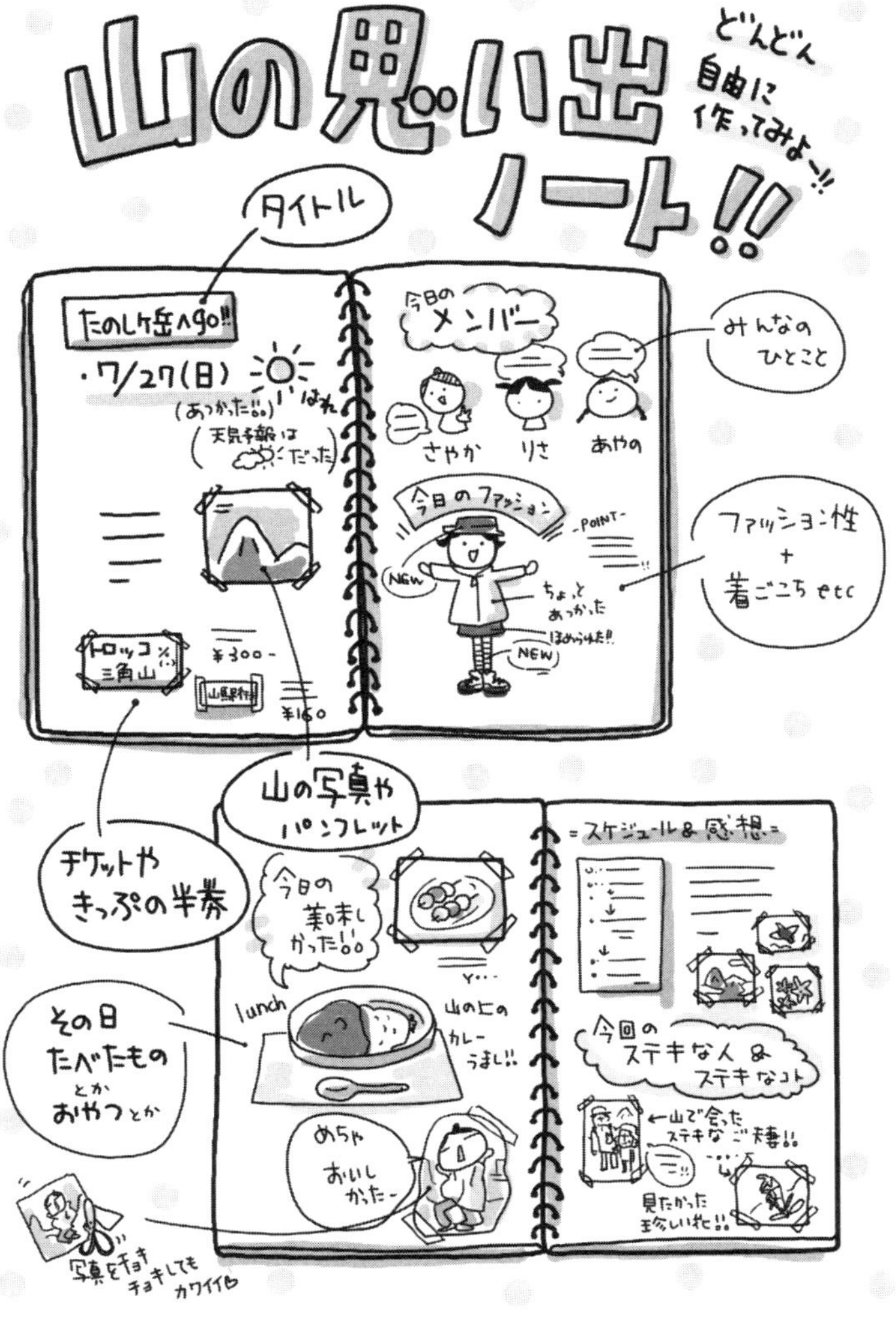

山言葉

悪場（わるば）　険しい岩場、崩壊地など、足もとが安定していない場所のこと。「悪場を通過する」などという。

おわりに

この本は、山女子になりたいあなたに、山を存分に楽しんでもらいたい、そんな気持ちをこめて書きました。「知っていればしなくて済む失敗」をみなさんがしないように願って、私の失敗も数多くとりあげました。

山を楽しむための最大のコツは、山で起こるいろんなことを想像して、あらかじめ複数の選択肢を用意しておくことです。山に行くことを決めたら、何が何でも計画したコースを行くのではなく、天気が悪かったら途中で引き返そうとか、逆に天気も体調もよかったらもう少し先へ足を伸ばしてみようというように、柔軟な対応をしましょう。この本を手にしてくれたすべての方にとって、山が最高に楽しい遊び場になることを願っています。

ただの山好きだった私が、幸せなことに今、こうして山に関する仕事ができるのは、涸沢《からさわ》ヒュッテの親分こと小林銀一さんをはじめ、山小屋従業員時代や、山岳写真家の内田修さんのアシスタント時代に出会った山を愛する方々のおかげであると深く感謝しています。

現役山ガールとしてお話を聞かせてくださった風間春薫さん、ご協力ありがとうございました。また、かわいく、わかりやすいイラストを描いてくださった、イラストレーターのほり みきさんのおかげで、この本がより親しみあるものになりました。山道具のディテールなど、細かいリクエストに応えていただいたことに感謝いたします。そして何より、いろいろなアイディア、サポートをいただきました講談社エディトリアルの美奈子さん、本当にありがとうございました。

小林　千穂

登山計画書

年　　月　　日

御中

団体名		所在地	
		連絡先	
目的の山域・山名			
宿泊	日帰り・山小屋泊・テント泊・そのほか（　　　）		

役割	氏名	年齢	性別	血液型	緊急連絡先（住所と電話番号）

月　日	行動予定

エスケープルート（緊急時の下山ルート）

基本食料　1人あたり　　食分	装備
予備食　1人あたり　　食分	テント（有・無）　人用　張
そのほか非常食	コンロ（有・無） 燃料（有・無）ガス／　個 液体燃料／　リットル トランシーバー（有・無）

備考・連絡事項

※コピーして使えます。

主な参考文献

●『登山の運動生理学百科』山本正嘉著（東京新聞）
●『スキンケア基本事典』吉木伸子著（池田書店）
●『登山医学入門』増山茂監修（山と溪谷社）
●『健康と山の食事』大森薫雄監修（山と溪谷社）
●『トレッキング実践学』高橋庄太郎著（枻出版社）
●『山岳装備大全』ホーボージュン・村石太郎著（山と溪谷社）
●『明日の天気がわかる本』塚本治弘著（地球丸）

著者略歴

小林千穂（こばやし・ちほ）

1975年生まれ、静岡県出身。登山が趣味である父の影響で、子どものころより山登りをはじめたため、登山歴は30年余り（！）。北アルプス・涸沢《からさわ》ヒュッテ従業員、山岳写真家・内田修氏のアシスタントを経て、2002年、編集プロダクション「ウオーク」に入社。登山ガイドブックや山岳専門誌でコースガイド編集を手がけるほか、『山と溪谷』『ワンダーフォーゲル』などにルポを多数寄稿している。2011年3月、はじめての著書『週末ごほうびハイク』（山と溪谷社）を刊行。近年は、写真撮影とトレッキングを目的にスイスアルプスへも通っている。

山女子《やまじょし》必携《ひっけい》　失敗《しっぱい》しない山登《やまのぼ》り
山《やま》ガール先輩《せんぱい》が登《のぼ》ってツカんだコツ71

2011年6月29日　第1刷発行
2017年6月20日　第6刷発行

著者　小林千穂《こばやしちほ》
発行者　鈴木 哲
発行所　株式会社 講談社
〒112-8001　東京都文京区音羽2-12-21
販売　03-5395-3606
業務　03-5395-3615
編集　株式会社 講談社エディトリアル
代表　田村 仁
〒112-0013　東京都文京区音羽1-17-18　護国寺SIAビル
編集部　03-5319-2171
イラスト　ほり みき
カバーデザイン　albireo Inc.
本文組版　朝日メディアインターナショナル株式会社
印刷所　慶昌堂印刷 株式会社
製本所　株式会社 国宝社

ISBN978-4-06-217055-0